Introduction au droit congolais de la santé

Logiques Juridiques

Fondée par Gérard Marcou
Dirigée par Jean-Claude Némery et Thomas Perroud

Le droit n'est pas seulement un savoir, il est d'abord un ensemble de rapports et pratiques que l'on rencontre dans presque toutes les formes de sociétés. C'est pourquoi il a toujours donné lieu à la fois à une littérature de juristes professionnels, produisant le savoir juridique, et à une littérature sur le droit, produite par des philosophes, des sociologues ou des économistes notamment.
Parce que le domaine du droit s'étend sans cesse et rend de plus en plus souvent nécessaire le recours au savoir juridique spécialisé, même dans des matières où il n'avait jadis qu'une importance secondaire, les ouvrages juridiques à caractère professionnel ou pédagogique dominent l'édition, et ils tendent à réduire la recherche en droit à sa seule dimension positive. À l'inverse de cette tendance, la collection « Logiques juridiques » des éditions L'Harmattan est ouverte à toutes les approches du droit. Tout en publiant aussi des ouvrages à vocation professionnelle ou pédagogique, elle se fixe avant tout pour but de contribuer à la publication et à la diffusion des recherches en droit, ainsi qu'au dialogue scientifique sur le droit. Comme son nom l'indique, elle se veut plurielle.

Dernières parutions

Marcelle BONGRAIN, *Grands-parents, quels droits ?*, 2025.
Patrick MBOYO BAKAMBO, *La représentation des collectivités territoriales*, 2025.
Jean-Louis SABLON, *Violences et autres infractions sexuelles. Le droit de A à Z pour les connaître et les combattre*, 2025.
Vincent BENELBAZ, *Les doctrines du corporatisme : Vichy et les Républiques*, 2025.
Sous la coordination de Cristina Elena POPA TACHE, Elise Nicoleta VÂLCU et Cătălin-Silviu SĂRARU, *Droit international et intégration européenne, Perspectives de l'Europe centrale et orientale*, 2025.

Adolphe Kumba Shindano

Introduction au droit congolais de la santé

Préface d'Amisi Herady

L'Harmattan

5-7, rue de l'École Polytechnique, 75005 Paris
http://www.editions-harmattan.fr
ISBN : 978-2-336-51289-1
EAN : 9782336512891

À mes enfants Jésune-Emiliene Kumba, Maëlys Kumba et mon épouse Justine Muanza pour l'excellence, la fierté et la dignité.

REMERCIEMENTS

Aux personnes ci-après, pour leur appréciable concours scientifique à l'élaboration du présent ouvrage :

- Professeur AMISI HERADY ;
- Professeur Didier-Pierre NDANGI BAZEBANZIA ;
- Professeur Delphin MASABA YAMBA ;
- Doctorant Jean NKONGOLO KAKIESE ;
- Doctorant Sylvain LUKUTU MUBOBO ;
- Doctorant Willy MBONZALA BITIBA ;
- Doctorant Pierre LOPAKA LOKANGAKA ;
- Doctorant Evariste KUMBA LUKONGO ;
- Maître Aristote MANGO BEPALY ;
- Maître Oser MUMBALA ;
- Maître Jovial Dieu-Le-Veut AMISI WATSA.

PRÉFACE

Tout le monde le sait : la santé est la condition prioritaire de l'existence et de la survivance de l'être humain. Elle est même, dans une certaine mesure, la condition sine qua non de cette existence et de cette survivance. Nul n'ignore que pour sa longévité, il doit prévenir et se prémunir, autant que faire se peut, contre toutes sortes d'attaques pathologiques qui menaceraient sa santé, et donc sa vie. Mais si, malgré cette précaution, l'ennemi de la vie, - entendez par là la maladie, se manifestait, il faut à tout prix et à la mesure de ses moyens, le combattre jusqu'à l'anéantir. La formule « la santé, c'est la vie » est bien connue de tous.

Mais ce que tout le monde ne connaît, malheureusement, pas ou ne connaît que peu, ce sont les règles de droit qui encadrent, de manière générale, la santé humaine dans son double volet individuel et collectif. C'est bien cette lacune ou cette insuffisance que tente de combler le professeur Adolphe KUMBA SHINDANO, en offrant au public son tout premier ouvrage intitulé *Introduction au droit congolais de la santé.*

Ne pouvant rien laisser en dehors de son emprise, le droit se charge d'assurer à travers un arsenal des règles, la protection de la santé des personnes physiques, par le biais de la prise en charge par différents professionnels, établissements, services ou organismes de la santé à l'occasion de la réalisation d'actes de prévention, de diagnostic ou de soins de santé. Ce corps de règles juridiques constitue ce que l'on nomme « droit de la santé ».

En des termes sans ambiguïté et dans un style pédagogiquement limpide qui le caractérise, l'auteur se lance dans le recensement et l'analyse des règles qui gouvernent les activités de santé, curatives ou non, médicales, pharmaceutiques et autres. Ces règles sont, les unes, de source du droit international (allusion faite notamment à la Déclaration Universelle des droits de l'homme du 10 décembre 1948, la Charte constitutive de l'Organisation Mondiale de la Santé du 26 juillet 1946 et le Règlement sanitaire international de 2005 pour ne citer que ceux-là), les autres, de source de droit interne. Trônent dans cette seconde catégorie, notamment la Constitution, la loi du 13 décembre 2018 fixant les principes fondamentaux relatifs à l'organisation de la santé publique, telle que modifiée et complétée par l'ordonnance-loi du 3 mars 2023, les ordonnances-lois du 1er mars 1968 et du 30 mars 1991 créant respectivement l'ordre des médecins et l'ordre des pharmaciens, ainsi que la loi du 15 juillet 2016 portant organisation, attributions et fonctionnement de l'ordre des infirmiers.

Ne serait-ce que par son intitulé peu usuel, l'ouvrage attire, incite et excite à sa lecture, jusqu'à sa dernière page. Un regard éclair sur l'introduction de *l'Introduction au droit congolais de la santé* suffirait déjà pour avoir une idée générale ou une connaissance panoramique sur le droit congolais de la santé, la profondeur de connaissance venant cependant au bout de la consommation de ses trois titres. Tout au long du titre premier de l'ouvrage, en effet, l'auteur clarifie les règles qui président aux activités des acteurs du système de santé, dont la mission spécifique n'est rien d'autre que de garantir le bien-être de la population, de prévenir des incapacités, des maladies et de mortalités précoces, bref de promouvoir un meilleur état de santé de la population, en assurant la couverture, la qualité, l'efficacité des services et la satisfaction des besoins de santé. L'État, les professionnels et établissements de santé ainsi que le patient, tels sont ces acteurs du système de santé. Dans le second titre, il décrit le régime juridique applicable aux produits pharmaceutiques et activités biomédicales. Ceux-là et celles-ci peuvent être à l'origine des troubles à l'ordre public ou d'un dommage au préjudice d'autrui dont il faille nécessairement assurer l'indemnisation. C'est ce qui justifie le troisième et dernier titre de l'ouvrage destiné à clarifier l'épineuse question des responsabilités civiles et pénales en matière de la santé.

L'auteur l'aborde avec une remarquable audace et aisance, d'autant plus qu'il vient de soutenir, il y a à peine une année, sa thèse de doctorat en droit en ce domaine plus précisément sous l'intitulé « Protection des consommateurs des produits pharmaceutiques contrefaits et sous standards en droit congolais : quête d'une bonne gouvernance ». J'ai eu la charge et le privilège d'encadrer, en qualité de promoteur, le doctorant Adolphe KUMBA SHINDANO, alors mon assistant. C'est alors que j'avais découvert l'exacte et la réelle dimension de son potentiel scientifique, dont je demeure impressionné. Sa finesse d'esprit et d'analyses juridiques, sa simplicité d'écriture, sa verve oratoire, sa pédagogie d'illustration des faits, sa passion d'excellence, sa modestie ainsi que la fermeté de ses ambitions sont, entre autres, autant de qualités qui me permettent de singulariser mon élève d'hier, et aujourd'hui mon collègue Adolphe KUMBA SHINDANO.

Quelle fierté pour moi, comme un arbre, d'avoir produit un tel fruit de bonne qualité ! Quelle fierté d'avoir formé un semblable ! Aussi la parution du présent ouvrage d'*Introduction au droit congolais de la santé* justifie-t-elle en l'amplifiant mon immense fierté, celle d'avoir été ce laboureur admirant ses enfants en pleine émergence, après leur avoir montré la voie de l'excellence, le secret du travail.

Puisse cet ouvrage figurer parmi les références en la matière et se retrouver pratiquement dans toutes les bibliothèques, privées et publiques. Puisse également l'auteur poursuivre sans relâche sa fécondité scientifique par la publication d'autres œuvres de la même facture.

AMISI HERADY
Professeur ordinaire
Chef du département de droit privé et judiciaire
à la Faculté de droit de l'Université de Kinshasa
Directeur Général du Guichet Unique de Création d'Entreprise/RDC

INTRODUCTION

1.- Idées générales du cours d'introduction au Droit congolais de la santé. Le Droit de la santé concerne les règles juridiques qui visent à assurer la protection de la santé des personnes du point de vue individuel ou collectif. Les activités de santé, sont entre autres : la prise en charge des personnes par différents professionnels et par des établissements, services ou organismes lors de la réalisation d'actes de prévention, de diagnostic ou des soins de santé.[1]

Cette prise en charge se bute à certains risques parfois à l'origine de dommages liés notamment à la complexité des soins entrepris, à l'état de santé antérieur, à des échecs thérapeutiques, au recours à certains produits de santé[2], à la survenue des complications ou même à des fautes imputables aux professionnels de santé ou aux établissements de santé.[3] Elle peut également susciter des questions éthiques[4], concernant en particulier, le respect de la personne.

---

[1] D.DUVAL-ARNOULD, *Droit de la santé, prise en charge des patients et réparation des dommages liés aux soins,* Paris, Dalloz, 2019, p. V.

[2] A. KUMBA SHINDANO, *Protection des Consommateurs des produits pharmaceutiques contrefaits et sous standards en droit congolais : quête d'une bonne gouvernance,* thèse de doctorat en droit, Université de Kinshasa, Janvier 2023, p.1.

[3] A. KUMBA SHINDANO, « Accidents thérapeutiques et responsabilité civile en droit congolais : cas des médecins, pharmaciens », in *International Journal of social Sciences and Scientific Studies International*, 2022 (IJSSASS.com/index.php/IJSSASS).

[4] P. AKELE ADAU, « Le droit, la médecine et les sciences de l'homme face à la bioéthique », in *Revue pénale congolaise*, n° 1, « DES », Kinshasa, 2004, p.48.

Au regard de ces enjeux sus-indiqués, le droit intervient pour assurer la protection de la santé publique, la qualité des soins, la sécurité des patients consommateurs et la réparation de certains dommages subis par ces derniers.

2.- Annonce du plan introductif. Pour la compréhension du cours, il est judicieux de cerner nettement son objet (I) avant d'inventorier ses différentes sources (II). C'est alors que nous dévoilerons le dispositif pédagogique qui en constitue le véritable cahier des charges (III).

I. Objet du cours d'introduction au droit congolais de la santé

3.- Considération sémantique. Le droit est pour une bonne part un art du langage, une langue de précision. Ainsi, l'objet du cours ne peut être dégagé qu'en ayant en référence l'acception des concepts « *introduction* », « *droit* », « *congolais* » et « *santé* ».

En effet, introduire le cours de Droit de la santé signifie « *enseigner les b.a.-ba du droit de la santé, c'est-à-dire ses connaissances les plus élémentaires* » [5]. Il s'agit donc d'enseigner aux étudiants de L1 LMD les notions générales du droit de la santé afin de poser les jalons dans leur formation de juriste.

S'agissant du concept **Droit,** il est polysémique et son acception varie selon le contexte dans lequel il est usité. Il se rapporte tantôt à un corps de règles générales et impersonnelles applicables à une société déterminée et à un moment déterminé, tantôt à un corps de prérogatives reconnues à un sujet de droit, tantôt à l'idée de justice ou d'équité, tantôt enfin à une discipline scientifique, à une science.

---

[5] F. ANGELESI BAYENGA, *Introduction au droit de la santé*, 1ère éd., Kinshasa, MES, 2022, p.7.

Cependant, seuls les deux premiers sens méritent d'être considérés lorsque l'on cherche à déterminer l'objet du droit de la santé.

Le droit objectif. Au sens objectif, le droit est défini comme ensemble de règles de conduite qui, dans une société donnée et plus ou moins organisée, régissent les rapports entre les hommes ou mieux l'ensemble de règles visant à organiser la vie en société et sanctionné par la puissance publique.
Exemple : Droit de la santé.

Le droit subjectif. - Au sens subjectif, le droit désigne l'ensemble de prérogatives que le droit objectif reconnaît à un individu ou à un groupe d'individus et dont ceux-ci peuvent se prévaloir dans leurs relations avec les autres, en invoquant, s'il y a lieu, la protection et l'aide des pouvoirs publics ou de la société.[6] Il y a donc une corrélation entre le droit objectif et le droit subjectif, celui-là donnant une reconnaissance à celui-ci au profit d'un sujet de droit.
Exemple : Droit à la santé.

Cependant, le concept ***Droit congolais*** désigne quant à lui, le Droit positif congolais.

Quant au concept « santé », il faut entendre au sens large, définit par l'Organisation Mondiale de la Santé (OMS) comme : « *un état de complet bien-être physique, mental et social et ne consiste pas seulement en une absence de maladie et d'infirmité* ».[7]

4. Précision sur l'objet du cours. En définitive, le cours d'introduction au Droit congolais de la santé a pour objet l'étude des règles juridiques qui s'appliquent aux activités de santé. Ces activités peuvent être curatives ou non,

---

[6] F. TERRE, *Introduction générale au droit*, 4ème éd., Paris, Dalloz, 1998, p.3.

[7] Constitution de l'Organisation Mondiale de la Santé du 22 juillet 1946, paragraphe 2 du préambule, in www.Who.int;consulté le 24 février 2024.

médicales comme pharmaceutiques ou autres. À vrai dire, il s'agit ici de toutes les règles qui peuvent toucher de près ou de loin à la question de la santé. Le Droit de la santé est un composite de différentes matières qui ont chacune une part d'indépendance, notamment le droit médical, droit pharmaceutique, droit hospitalier, droit de la bioéthique et droit de la santé publique. Ces matières relèvent du droit de la santé et bien d'autres. En ce sens, il est très difficile de prétendre à une réelle exhaustivité. C'est pourquoi, dans le cadre de cet ouvrage, nous essayons d'effleurer ces différentes matières afin de donner une vue d'ensemble aux futurs juristes en formation.

II. Sources du Droit congolais de la santé

5. - La diversité des matières concernées par le droit de la santé implique une diversité des sources ; il y a d'une part, les règles juridiques qui découlent du droit international[8] et d'autre part, celles qui découlent du droit interne ou mieux national.

A. Sources du droit international

6.- Le contenu des sources internationales. - Il existe deux grands types de sources proprement internationales à savoir : les traités bilatéraux ou multilatéraux relatifs au droit de la santé régulièrement ratifiés par la République démocratique du Congo[9] et les normes à portée obligatoire adoptées par certaines organisations internationales.[10]

---

[8] J.M. CROUZATIER, *Droit international de la santé*, Paris, Editions des archives contemporaines, 2009, p.11.

[9] La Constitution de la République démocratique du Congo en son article 215, consacre la suprématie des dispositions des traités et accords internationaux régulièrement ratifiés sur celles de droit interne, in *J.O RDC*, 52ème Année, numéro spécial, Kinshasa, 5 février 2011.

[10] D. BERTHIAU, *Droit de la santé*, Paris, Gualino, 2007, p.38.

Aussi convient-il de citer à titre illustratif :

- La Déclaration Universelle des droits de l'homme adoptée par l'Assemblée Générale de l'ONU le 10 décembre 1948 à Paris.[11] Elle consacre les droits qui s'interfèrent au Droit de la santé notamment droit de la dignité humaine, droit à la vie, prohibition de la torture ou des traitements dégradants et bien d'autres ;
- Le Pacte international relatif aux droits civils et politiques adopté le 16 décembre 1966. Il reconnaît le principe inhérent à la personne humaine, le droit à la vie[12], l'interdiction de soumettre une personne humaine à une expérience médicale ou scientifique sans son consentement[13] ;
- Le Pacte international relatif aux droits sociaux, économiques et culturels, du 16 décembre 1966. Il consacre les droits à une protection spéciale à la maternité[14], le droit qu'a toute personne de jouir du meilleur état de santé physique et mentale, le droit à la sécurité et à l'hygiène dans le travail[15] ;
- La Charte constitutive de l'OMS du 26 juillet 1946 a pour objectif d'amener le peuple au niveau de santé le plus élevé possible qui cible non seulement l'ensemble de maladies ou d'infirmités, mais également un état de bien-être physique complet ;
- Le Règlement sanitaire international de 2005[16] ;

---

[11] Résolution 217 A(III).

[12] Article 6 du Pacte international relatif aux droits civils et politiques.

[13] Article 7 du Pacte international relatif aux droits civils et politiques.

[14] Article 10 du Pacte international relatif aux droits sociaux, économiques et culturels.

[15] Articles 7 et 12 du Pacte international relatif aux droits sociaux, économiques et culturels.

[16] Résolution WH58.3.

- La Charte africaine des droits de l'homme et des peuples de 1981 qui impose aux États l'obligation de protéger la santé de leur population.[17]

À côté de ces sources internationales illustrées en haut, l'arsenal juridique interne consacre plusieurs règles relatives au Droit de la santé, qu'il convient de voir dans les lignes qui suivent.

B. Sources du droit national

7. - Inventaire légal des sources du droit de la santé. - L'article 153 alinéa 4 de la Constitution du 18 février 2006 telle que modifiée à ce jour[18], énumère les sources de droit en général que doivent appliquer nos cours et tribunaux invités à trancher des litiges ou à régler des situations, à savoir : « les traités internationaux dûment ratifiés, les lois, les actes réglementaires pour autant qu'ils soient conformes aux lois ainsi que la coutume pour autant que celle-ci ne soit pas contraire à l'ordre public ou aux bonnes mœurs ». Et la loi organique n° 13/011-B du 11 avril 2013 portant organisation, fonctionnement et compétences des juridictions de l'ordre judiciaire, spécialement en son article 118 alinéa 2 ajoute *« les principes généraux du droit »* sur la liste des sources de droit précitées.

L'analyse de ces différentes sources de droit à l'exception des traités déjà étudiés ; s'impose donc avec acuité, dans le cas spécifique du droit de la santé.

1. La Constitution

8.- La Constitution, spécialement en ses articles 47 alinéa 1 et 53 alinéa 3 garantit le droit à la santé. De ce fait,

---

[17] Article 16 de la Charte africaine des droits de l'homme et des peuples de 1981.

[18] La Constitution a été modifiée par la loi N°11/002 du janvier 2011 portant révision de certains articles de la Constitution de la République démocratique du Congo du 18 février 2006, in *J.O RDC*, 52ème Année, numéro spécial du 5 février 2011.

le droit à la santé fait partie de la catégorie des droits constitutionnellement protégés. Au fait, le droit à la santé est un droit subjectif qui relève du droit objectif, tel que souligné précédemment.

2. La loi et le règlement

Il s'agit de la loi au sens strict, celle adoptée par le parlement. Elle doit être conforme à la Constitution. Cependant, de nombreux types de règlement peuvent intervenir dans le domaine du Droit de la santé soit pour exécuter une loi lorsque celle-ci prévoit des mesures d'application, soit pour suppléer la loi en cas d'absence de celle-ci. Par exemple : l'ordonnance, le décret, l'arrêté, la circulaire...

9.- Énumération de quelques lois et règlements spécifiques dans le domaine de la santé. Il y a lieu de citer entre autres :

- **Loi** n° 18 /035 du 13 décembre 2018 fixant les principes fondamentaux relatifs à l'organisation de la santé publique ;
- **Loi** n° 16/015 du 15 juillet 2016 portant création organisation, attributions et fonctionnement de l'Ordre des infirmiers ;
- **Ordonnance-loi n°**23/006 du 3 mars 2023 modifiant et complétant la loi n° 18/035 fixant les principes fondamentaux relatifs à l'organisation de la santé publique ;
- **Ordonnance-loi n°**68-070 du 1er mars 1968 créant l'ordre des médecins ;
- **Ordonnance-loi** n° 91-018 du 30 mars 1991 portant création de l'Ordre des pharmaciens ;
- **Ordonnance** n° 27 Bis/Hyg. du 15 mars 1933 portant exercice de la pharmacie[19] ;

---

[19] Cette ordonnance est encore en vigueur et constitue un texte de base en matière pharmaceutique en RDC et ce, contrairement à ce que

- **Décret** du 19 mars 1952 sur l'exercice de l'art de guérir ;
- **Ordonnance n°** 71-81 du 19 février 1958 sur l'exercice de l'art de guérir-conditions et modalités d'application **;**
- **Ordonnance n°**70-158 du 30 avril 1970 sur la déontologie médicale ;
- **Ordonnance n°**71-453 du 21 août 1959 sur l'exercice de la profession de dentiste ;
- **Arrêté ministériel** n° 1250/CAB/MIN/SP/007/CPH/OBF/2 015 du 28 septembre 2015 portant création de la commission d'homologation des produits pharmaceutiques et autres produits de santé ;
- **Arrêté ministériel** n° 1250/CAB/MIN/SP/008/CPH/OBF/2 015 du 28 septembre 2015 portant réglementation du commerce des produits pharmaceutiques en République démocratique du Congo ;
- **Arrêté ministériel** n° 1250/CAB/MIN/SP/009/CPH/OMP/2 015 du 28 septembre 2015 portant adoption des lignes directrices dans le domaine pharmaceutique en RD. Congo ;

---

pense à tort une certaine doctrine qui soutient qu'elle serait déjà abrogée par l'ordonnance n° 72-359 portant mesures d'exécution de l'ordonnance-loi n°72-046 du 14 septembre 1972 sur l'exercice de la pharmacie.

En effet, il est vrai que l'ordonnance n°72-359 précitée a prévue en son article 171-1 l'abrogation de l'ordonnance n° 27 bis/Hyg. du 15 mars 1933 portant exercice de la pharmacie. Cependant, elle n'est jamais entrée en vigueur quoique publiée au journal officiel. Son entrée en vigueur est subordonnée à la date que fixera le Président de la République, conformément à son article 172. Pour plus détail, lire A. KUMBA SHINDANO, « Regard sur l'effectivité de l'ordonnance-loi n°72-046 du 14 Septembre 1972 sur la pharmacie et l'ordonnance n° 72-359 portant ses mesures d'exécution », in *Cahiers Africains des droits de l'homme et de la Démocratie ainsi que du développement durable,* 26ème année, n°075, vol. II, juin 2022, pp.293-302.

- **Arrêté ministériel** n° 1250/CAB/MIN/SP/010/CPH/OBF/2 015 du 28 septembre 2015 modifiant et complétant l'arrêté ministériel n° 1250/CAB/MIN/S/AJ/01 du 14 mars 2000 portant conditions d'octroi des Autorisations d'ouverture et de fonctionnement des établissements pharmaceutiques ;
- **Arrêté ministériel** n° 1250/CAB/MIN/SP/011/CPH/OBF/2 015 du 28 septembre 2015 modifiant et complétant l'arrêté ministériel n° 1250/CAB/MIN/S/AJ/MS/013/2 001 portant dispositions relatives à l'enregistrement et à l'autorisation de mise sur le marché des produits pharmaceutiques ;
- **Arrêté ministériel** n° 1250/CAB/MIN/SP/012/CPH/OBF/2 015 du 28 septembre 2015 relatif à l'information et à la publicité concernant les médicaments et autres produits de santé ;
- **Arrêté ministériel** n° 1250/CAB/MIN/SP/013/CPH/OBF/2 015 du 28 septembre 2015 modifiant et complétant l'arrêté ministériel n° 1250/CAB/MIN/025/CJ/OMK/2 009 portant organisation du système national de pharmacovigilance en République démocratique du Congo ;
- **Arrêté ministériel** n° 1250/CAB/MIN/S/AJ/KIZ/18 février 002 du 23 juillet 2002 portant création du Programme National d'Approvisionnement en Médicaments Essentiels.

3. La coutume

10.- Dans son acception large, *« la coutume est entendue comme étant toutes les règles de droit qui se dégagent des faits et des pratiques dans un milieu social en dehors de l'intervention du législateur. Pris dans ce sens, la coutume est synonyme de droit non légiféré, c'est-à-dire la règle qui n'est pas édictée en forme de commandement par les pouvoirs publics, mais qui est issue d'usage général et* *prolongé et de la croyance en l'existence d'une sanction à l'observation de cet usage (opinio necessitatis) ; elle constitue une source de droit, à condition de ne pas aller à l'encontre d'une loi ».*[20]

À la différence de tout usage, la coutume implique trois éléments à savoir : deux éléments matériels (les comportements doivent être suffisamment rependus dans l'espace et dans le temps) et un élément psychologique (les comportements ou mieux usages rependus dans l'espace et dans le temps doivent comporter *l'opinio necessitatis* c'est-à-dire la force obligatoire, une sanction)[21].

11.- Application de la coutume en Droit de la santé. La coutume s'applique dans deux cas : lorsque la loi renvoie une question quelconque à l'empire de la coutume (*coutume secundum legem*) et à l'absence de la loi (*coutume praeter legem*) c'est-à-dire la coutume est appelée à s'appliquer, en première position, à toute contestation en droit de la santé lorsque la question à régler n'est pas régie par une règle écrite de droit, et ce, conformément à l'article 118 de la loi numéro 13/01- B du 11 avril 2013 portant organisation, fonctionnement et compétences de juridiction de l'ordre judiciaire.

Tel est le cas aujourd'hui de la médecine traditionnelle reconnue en République démocratique du Congo[22] dont la réglementation pose encore problème. Au fait, dans le domaine de la médecine traditionnelle, l'état des connaissances dû pour une grande part, à la non-scientificité de cette forme de médecine, ne permet pas

---

[20] AMISI HERADY, *Droit civil : les personnes, les incapacités, la famille*, Vol. I, 4ème éd., Kinshasa, EDUPC, 2016, p.25.

[21] Idem.

[22] Article 59 de la loi n°18/035 du 13 décembre 2018 fixant les principes fondamentaux relatifs à l'organisation de la santé publique, dispose que : « La médecine traditionnelle est reconnu en République démocratique du Congo. Elle s'exerce dans le respect de lois et l'ordre public ».

toujours de mettre en place une régulation complète et détaillée en la matière.

4. Les principes généraux du droit

La notion de principes généraux du droit a été introduite en droit congolais par l'ordonnance législative du 14 mai 1886 de l'Administrateur général au Congo portant les principes à suivre dans les décisions judiciaires[23].

Actuellement, cette notion est consacrée à l'article 118, al.2, de la loi organique du 11 avril 2013 portant organisation, fonctionnement et compétences des juridictions de l'ordre judiciaire[24] et à l'article 87 de la loi organique du 15 octobre 2016 portant organisation, compétence et fonctionnement des juridictions de l'ordre administratif[25].

Cependant, tous ces textes ne définissent pas ce qu'on entend par principes généraux. C'est la doctrine qui définit les principes généraux comme étant des propositions premières écrites, normatives et juridiques qui fondent, à côté d'autres sources de droit, l'unité du système juridique[26].

Il y a lieu de préciser que certains principes généraux du droit s'expriment sous une forme latine, tel que le principe *« Fraus omnia corrumpt »* qui signifie littérairement « la fraude corrompt tout »[27]. Il en est de même du principe « *Actori incumbit onus probandi* » qui signifie « à celui qui invoque un fait incombe la charge de la preuve ». Tout

---

[23] B.O, 1886, pp.188-189 in codes Lancier RDC, T1, 2003, p.261 ; Lire à ce sujet, H. MUPILA NDJIKE KAWENDE, *Regard sur la validité de l'Ordonnance du 14 mai 1886 relative aux sources supplétives du droit*, Kinshasa, Ed. Droit et idées nouvelles, 2020,112, p.

[24] J.O. RDC, N° Spécial, 4 mai 2013, Col. 29.

[25] J.O. RDC, N° Spécial 18 octobre 2016, Col.1

[26] AMISI HERADY, op.cit., p.23

[27] J.M MBOKO DJ'ANDIMA, *Abrégé de droit administratif*, Kinshasa, Médias-Paul, 2022, p.95.

comme, il existe également d'autres principes généraux qui ne s'expriment pas par voie de maxime ou adage.

En droit de la santé, les principes généraux ont pour vocation d'assurer la protection du patient et constituent une source de droit autonome revêtue de la force obligatoire.

5. L'interprétation des sources du Droit de la santé

13. - Le sens de la règle de droit ou mieux de la loi au sens large ; n'est pas toujours limpide, loin s'en faut, surtout à notre époque de frénésie législative.[28] Même claire, la loi demande parfois à être interprétée, ne serait-ce que pour adapter son application aux évolutions de la société. C'est la jurisprudence qui assure cette interprétation. Bien plus, la loi et la jurisprudence font l'objet des commentaires de la doctrine.

14. - La notion de la jurisprudence et de la doctrine. Il faut entendre par la jurisprudence l'« *ensemble de décisions de justice rendues par les cours et les tribunaux pour la solution d'une situation ou question donnée ou encore l'ensemble de solutions apportées par les juridictions dans l'application du droit ou mieux la position qui se dégage sur un point de droit donné des décisions rendues par une juridiction, donna naissance à un ensemble de décisions concordantes* »[29].

La jurisprudence naît des décisions de justice rendues par les cours et tribunaux dans leur mission de dire le droit. Ainsi, les juridictions fondent leurs décisions sur la règle de droit tirée des sources de droit de la santé précédemment étudiées.

---

[28] M. LE GUEUT et R. BOUVET (Coord), *Médecine légale, Droit de la santé*, 2ème éd., Paris, Ellipses, 2015, p.22.

[29] A. MAMPUYA KANUNK'a-TSHIABO et T. LUNGUNGU KIDIMBA, *Sous la houlette de la Cour constitutionnelle, une « jurisprudence » qui ne peut faire jurisprudence*, Kinshasa, éd. René Descartes, 2023, p.27.

S'agissant de la doctrine, elle est entendue comme les opinions émises par les auteurs dans leurs ouvrages, le droit tel que le conçoivent les théoriciens ou encore l'ensemble d'ouvrages juridiques, la littérature du droit (opinion émise par les chercheurs et les praticiens du droit).[30]

15.- Ni la jurisprudence, ni la doctrine ne sont pas des sources de droit, car la loi n'en souffle mot. Sans entrer dans les débats fastidieux relatifs à la jurisprudence et à la doctrine comme sources du droit[31] ; nous soutenons qu'elles ne sont pas sources du droit au regard des dispositions des articles 153 alinéa 4 de la Constitution et 118 alinéa 2 de la loi organique numéro 13/011- B du 11 avril 2013 portant organisation, fonctionnement et compétences des juridictions de l'ordre judiciaire qui énumèrent expressément les sources du droit en général que doivent appliquer nos cours et tribunaux invités à trancher les litiges, comme nous l'avons su préciser supra.

Néanmoins, la jurisprudence et la doctrine jouent dans la scène juridique, des rôles bien spécifiques d'une importance capitale.

16.- Rôle de la jurisprudence. - Le juge a pour mission principale de trancher le litige qui lui est soumis en appliquant le texte légal adéquat. Or, la loi au sens large, est rédigée en des termes généraux, voire parfois ambigus nécessitant une interprétation. C'est pourquoi, la jurisprudence a pour rôle principal d'interpréter la loi en l'adaptant non seulement aux faits soumis au juge, mais également aux évolutions de la vie en société.

En outre, par ses décisions, le juge attire parfois l'attention du législateur sur la nécessité d'intervenir en vue d'opérer une réforme ou de combler des lacunes, par-là, la

---

[30] AMISI HERADY, *op.cit.*, p.29.

[31] A. MAMPUYA KANUNK'a-TSHIABO et T. LUNGUNGU KIDIMBA, *op.cit.*, p.30 ; M. LE GUEUT et R. BOUVET, *op.cit.*, p.22.

jurisprudence exerce ce qu'on peut appeler *« incitation législative »*.

En substance, « *on ne connaît bien une règle, on ne se rend compte de son importance qu'autant qu'on a étudié toutes les décisions de jurisprudence auxquelles son application a donné lieu»* [32], pour ainsi dire que, la jurisprudence est le droit incarné, concret, vécu, pratiqué sur terrain. Parce que le droit n'est pas une construction abstraite, un pur jeu de l'esprit, il est destiné à régler les relations d'une société et n'existe que pour autant qu'effectivement il joue ce rôle dans des cas concrets, dans la vie.

Toutefois, le juge saisi d'une question n'est pas obligé de suivre la jurisprudence, car elle ne s'impose pas à lui, c'est une probabilité. C'est pourquoi ; on parle d'ailleurs de « revirement jurisprudentiel » du fait qu'en principe, une décision judiciaire n'apporte des solutions qu'au cas d'espèce, sans que cette solution puisse s'imposer une fois pour toutes au magistrat chargé ultérieurement de régler un cas d'espèce identique ou similaire.

17.- Rôle de la doctrine. Le rôle de la doctrine s'exerce à deux niveaux. D'une part, elle commente, explicite et propose des interprétations de la loi en vigueur, la « *Lege lata* ». D'autre part, elle propose des modifications législatives, « *de lege ferenda* ». Le but poursuivi dans les commentaires est, bien entendu d'influer sur l'interprétation de la loi par la jurisprudence.[33]

Le juge n'est évidemment jamais tenu par les interprétations de la loi proposées par la doctrine. Il ne peut cependant, y être totalement insensible, surtout quand elles

---

[32] H. CAPITANT, *Les grands arrêts de la jurisprudence civile*, Paris, Dalloz, 1964, p.x.

[33] M.LE GUEUT et R. BOUVET, *op.cit.*, p.25.

émanent des juristes qui font « **autorité** » dans leur domaine. Cette influence apparaît clairement lorsqu'on constate l'abondance des citations doctrinales qui émaillent les décisions judiciaires à tous les niveaux. À ce titre, la doctrine est une autorité en droit de la santé, une source d'inspiration pour le juge ou mieux un mobile de décision parmi tant d'autres, auquel il attachera plus ou moins des poids suivant les circonstances.

III. Dispositif pédagogique

18.- Le dispositif pédagogique comporte les objectifs, les stratégies d'enseignement-apprentissage, le mode d'évaluation et le contenu minimum du cours de Droit de la santé.

A. Objectifs du cours de droit de la santé

1. Objectif général

En dispensant ce cours, notre souci est d'aider les étudiants de L1 LMD droit à construire des connaissances et développer des attitudes, qu'ils peuvent mobiliser pour assurer adéquatement la protection du droit à la santé reconnue à tout être humain sans discrimination des races, nationalités, sexes ou religions dans leurs différentes professions de juriste.

2. Objectifs spécifiques

À la fin du cours de Droit de la santé, les étudiants doivent être capables de (d') :
- développer une aptitude à conduire à son terme un contentieux judiciaire portant sur les questions de Droit de la santé ;
- identifier les questions juridiques dans un litige et y construire les stratégies d'argumentation en Droit de la santé ;

- donner des avis juridiques sur des questions touchant au Droit de la santé ;
- proposer des mécanismes de prévention et de gestion des risques sanitaires.

B. Stratégies d'enseignement-apprentissage et mode d'évaluation

L'enseignement se déroule sous forme d'un séminaire. À cet effet, l'approche active participative est la mieux indiquée, elle est axée sur l'apprentissage actif et participatif des étudiants. Plusieurs formules pédagogiques sont au rendez-vous notamment l'exposé magistral, l'étude des cas.

S'agissant de l'évaluation, elle se fait sur base d'un examen écrit donné par le professeur.

C. Contenu minimum

Titre I. Les acteurs du système de santé
Titre II. Les produits pharmaceutiques et activités biomédicales
Titre III. Les systèmes de responsabilités et indemnisation des dommages liés aux soins

TITRE I.

LES ACTEURS DU SYSTÈME DE SANTÉ

19.- Le système national de santé est l'ensemble coordonné de structures, de personnes et d'activités qui assurent la prévention des maladies, le maintien, la restauration et la promotion de la santé au bénéfice de la population. Il a pour mission spécifique de garantir le bien-être de la population, de prévenir des incapacités, des maladies et de mortalités précoces. En outre, le système de santé a pour mission de promouvoir un meilleur état de santé de la population, en assurant la couverture, la qualité, l'efficience des services et la satisfaction des besoins de santé.[34]

À cet effet, dans ce titre, nous nous assignons la noble tâche d'étudier les différents acteurs du système de santé afin de déterminer le régime juridique auquel ils sont soumis. Il s'agit de l'État (chapitre I), des professionnels et établissements de santé (chapitre II) et du patient (chapitre III).

---

[34] Article 4 de la loi n°18/035 du 13 décembre 2018 fixant les principes fondamentaux relatifs à l'organisation de la santé publique.

Chapitre I.

L'État, acteur essentiel du système de santé

20.- Rôle de l'État. C'est l'État qui définit les politiques de santé par le biais de la loi conformément aux dispositions des articles 47, 123 point 5 et 202 litera 36 heures et M. de la Constitution, tel est le cas de la loi n° 18/038 du 13 décembre 2018 fixant les principes fondamentaux relatifs à l'organisation de la santé publique. Cette loi s'applique au personnel de santé directement ou indirectement engagé dans l'administration des soins, aux bénéficiaires des soins, aux services, établissements, et entreprises de santé, et à toute personne physique ou morale considérée comme partenaire dans l'administration des soins de santé en RDC.

Ainsi, l'État en tant que garant de la santé publique et de l'amélioration de l'état sanitaire de la population[35] prévoit un certain nombre de mesures relatives : à la vaccination, à l'hygiène publique et aux menaces sanitaires.

Section I. L'hygiène publique

Sous cette section, sont successivement abordées la notion de l'hygiène publique (§1) et la protection sanitaire de l'environnement et du cadre de vie (§2).

§1. Notion

21.-Définition. L'hygiène publique est une politique ayant pour objet la lutte contre les facteurs d'apparition et

[35] A. LECA, A. LUNEL, S. SANCHEZ, *Histoire du droit de la santé*, Bordeaux, Ed. Les études hospitalières, 2014, p.33.

de propagation des maladies humaines[36]. Du point de vue de la technique juridique, l'hygiène publique se rattache essentiellement au concept de police administrative.[37]

§2. Protection sanitaire de l'environnement et du cadre de vie

Le législateur congolais prévoit plusieurs mesures à portée générale afin d'assurer la protection sanitaire de l'environnement et du cadre de vie.[38]

À titre illustratif, l'article 76 de la loi numéro 11/009 du 9 juillet 2011 portant principes fondamentaux relatifs à la protection de l'environnement dispose que : *« est punie d'une servitude pénale de six mois à trois ans et d'une amende d'un million à vingt-cinq millions de francs congolais ou de l'une de ces peines seulement toute personne qui transporte, dépose, abandonne, jette ou élimine des déchets industriels, artisanaux, médicaux, biomédicaux ou pharmaceutiques en violation des dispositions de la présente loi et de ses mesures d'exécution. Les sanctions relatives à la gestion des déchets domestiques relèvent de la compétence de la province et de l'entité territoriale décentralisée ».*[39]

Le législateur est déterminé à punir tous ceux qui posent les actes sus-ciblés de nature à porter atteinte à l'environnement et par ricochet à la santé de la population. Il interdit la détention, le dépôt ou l'abandon à des endroits non appropriés des déchets de toute nature susceptibles de

---

[36] J. MICHEL DE FORGES, *Le droit de la santé*, 8ème éd., Paris, PUF, 2012. p.81.

[37] *Idem.*

[38] La plus vielle réglementation est régie par le Décret du 19 juillet 1926 portant hygiène et salubrité publiques, in (BO, 1926, p.732).

[39] In J.O RDC, 52ème Année, Numéro spécial du 16 juillet 2011 ; la loi n°18/035 du 13 décembre 2018 relative à la santé publique précitée protège également l'environnement et le cadre de vie en ses articles 102, 103 et 104.

provoquer des odeurs incommodantes, de causer des nuisances et des dommages à l'environnement, à la santé et à la sécurité publique.

Section II. La prévention sanitaire

Il convient de voir la notion de la prévention sanitaire avant d'aborder successivement ses différentes mesures.

§1. Notion

23.- Portée de la prévention sanitaire. Selon la conception large de la prévention sanitaire, elle est *« l'ensemble d'actions qui tendent à promouvoir la santé individuelle et collective »*[40]. Aussi convient-il de préciser que, dans le cadre de cette étude, la prévention sanitaire ainsi définie repose sur une série des mesures contraignantes notamment : la vaccination obligatoire ou des examens obligatoires, qu'il paraît loisible d'analyser.

§2. La vaccination obligatoire

Voyons dans un premier temps, le contenu de l'obligation de vaccination (A) et dans le second temps, les sanctions en cas de violation de l'obligation de vaccination (B).

A. Contenu de l'obligation de vaccination

24.- Les vaccinations obligatoires, prescriptions de police administrative. L'article 91 de la loi relative à la santé publique dispose que : *« La vaccination est obligatoire pour toute personne résidant sur le territoire national et pour toute personne entrante ou sortante ».* En effet, le caractère obligatoire de la vaccination est justifié par le souci du législateur à combattre les maladies contagieuses pour l'intérêt supérieur de la société.

---

[40] J. MICHEL DE FORGES, *op.cit.*, p.92.

Certaines vaccinations sont obligatoires de manière générale, tel est le cas du vaccin contre la fièvre jaune qui est obligatoire pour se rendre dans le pays où règne cette maladie.

À ce sujet, l'ordonnance n° 74-426 du 14 décembre 1953 portant police sanitaire des personnes en voyage international dispose en son article 1er alinéas 1 et 2 que : *« Toute personne, entrant au Congo belge en provenance d'une circonscription infectée, doit être porteuse d'un certificat de vaccination contre la fièvre jaune, établi conformément au modèle figurant à l'annexe 3 du règlement sanitaire international faisant l'objet de l'ordonnance 74-305 du 11 septembre 1952. Toute personne quittant le Congo belge à destination d'une zone de réceptivité animale, doit être munie au départ du même certificat ».*[41]

En revanche, d'autres vaccinations obligatoires concernent les enfants, il peut s'agir de vaccins contre la poliomyélite, le virus de l'hépatite B, la rougeole…

B. Sanctions en cas de violation de l'obligation de vaccination

25.- Sanctions pour les vaccinations obligatoires de manière générale. Pour cette catégorie de vaccination les sanctions peuvent être administratives, tels l'interdiction, de voyager, les mesures d'éloignement contre les étrangers qui veulent entrer au pays ou une sanction pénale de trois mois à une année de servitude pénale principale lorsqu'il y a eu entrave aux opérations relatives à l'organisation des activités de la vaccination.[42]

---

[41] In B.A, 1954, p.7; erratum, p.190.

[42] Article 133 de la loi n°18/035 du 13 décembre 2018 relative à la santé publique telle que modifiée et complétée à ce jour.

26.- Sanctions pour les vaccinations obligatoires chez les enfants. Les titulaires de l'exercice de l'autorité parentale et le tuteur de l'enfant sont tenus personnellement responsables de l'exécution de cette obligation de vaccination. Les sanctions à l'encontre de ces derniers demeurent essentiellement pénales et sont prévues par la loi portant protection de l'enfant, en son article 196 qui dispose : « *Tout parent, tuteur ou responsable légal qui refuse délibérément, d'assurer à son enfant les soins médicaux préventifs et particulièrement les vaccinations, est puni d'une servitude pénale principale ne dépassant pas cinq jours et d'une amende de cinquante mille francs congolais ou d'une de ces peines seulement* ».[43]

La lutte contre les menaces sanitaires et la propagation des maladies transmissibles est également l'une des obligations de l'État en tant que garant de la santé publique.

Section III. Lutte contre les menaces sanitaires et la propagation des maladies transmissibles

L'organisation de la lutte contre les menaces sanitaires et la propagation des maladies transmissibles est faite au niveau national et international.

§1. Au niveau national

27. Les menaces sanitaires renvoient à une situation d'épidémie pouvant faire appel aux mesures d'urgence. À cet effet, le législateur a créé un Conseil national de gestion des épidémies, des urgences et des catastrophes.[44]

Il a pour mission d'élaborer des mesures spécifiques pour réduire les risques et faire face à la survenance des épidémies, des catastrophes et des urgences de santé

[43] Loi n°09/001 du 10janvier 2009 portant protection de l'enfant.

[44] Article 106 de la loi n°18/035 du 13 décembre 2018 relative à la santé publique telle que modifiée et complétée à ce jour.

publique de portée nationale ou internationale. Le conseil a également la mission de mobiliser les compétences nationales et internationales ainsi que les ressources nécessaires pour appuyer la lutte contre les effets néfastes des épidémies, des catastrophes et des urgences de santé publique.
Exemple : Le virus Ebola, la covid 19...

§2. Au niveau international

28. Présentation du règlement sanitaire international. Le règlement sanitaire international (RSI) est un règlement adopté par l'Organisation mondiale de la santé. Initialement adopté en 1951, le RSI a été révisé en 2005[45]. Il a été signé par 196 États, dont l'ensemble des pays membres de l'OMS. Les États signataires y compris la RDC s'engagent à collaborer dans le but de renforcer la sécurité sanitaire mondiale.

L'article 2 du RSI de 2005 est consacré à l'objet et à la portée du règlement. Il précise que le règlement consiste « *à prévenir la propagation internationale des maladies, à s'en protéger, à la maîtriser et à y réagir par une action de santé publique proportionnée et limitée aux risques qu'elle présente pour la santé publique, en évitant de créer des entraves inutiles au trafic et au commerce internationaux* ».

L'objet est donc d'assurer la protection contre la propagation des risques sanitaires, en veillant à limiter la création d'entraves aux échanges internationaux.[46]

29. La diversité des risques couverts par le règlement sanitaire international. Le RSI vise à prévenir et à gérer les « risques pour la santé publique », qui sont définis comme « *la probabilité d'un événement qui peut nuire à la santé des populations humaines, plus particulièrement d'un*

---

[45] Résolution WHA48.7.

[46] A. DUBUIS, *Droit de la santé*, Paris, Bréal, 2021, p.206.

événement pouvant se propager au niveau international ou présenter un danger grave et direct »[47].

Il couvre donc non seulement les maladies infectieuses, mais aussi tout événement susceptible d'avoir un impact international sur la sécurité sanitaire. Il peut s'agir par exemple de risques liés à des substances chimiques ou à la pollution des eaux.

30.- Mode opératoire du règlement sanitaire international. Le RSI prévoit que les États doivent assurer une mission de surveillance. Pour cela, il prévoit que chaque État doit détenir « la capacité de détecter, d'évaluer, de notifier et de déclarer des événements »[48]. Cette mission est assurée par le biais de ses « structures et ressources nationales »[49].

En effet, pour la mise en œuvre de la surveillance, les États doivent apprécier les situations de santé publique auxquelles ils sont confrontés, afin de déterminer si elles constituent une urgence de santé publique de portée internationale. L'OMS met à disposition des États un « instrument de décision permettant d'évaluer et de notifier les événements qui peuvent constituer une urgence de santé publique de portée internationale »[50]. Il s'agit d'une suite de questions permettant in fine de déterminer si l'événement survenu sur le territoire national doit être notifié à l'OMS ou s'il nécessite une réévaluation ultérieure une fois que l'État dispose de plus d'informations.

Les critères d'évaluation reposent sur :

- le caractère de l'événement ;
- la gravité de ses répercussions ;
- le caractère inattendu ou inhabituel ;
- le risque de propagation internationale ;
- le risque de restrictions aux voyages et au commerce.

---

[47] A. DUBUIS, *op. cit.*, p.206.

[48] Article 5 du RSI.

[49] Annexe 1 Al du RSl.

[50] Annexe 2 du RSl.

31.- Notification. L'État doit notifier à l'OMS tout événement pouvant constituer une urgence de santé publique de portée internationale et doit continuer de communiquer par la suite toute information utile (comme les mesures prises pour faire face, la définition des cas, le nombre de cas et de décès). L'État peut également informer l'OMS en lui communiquant des informations en cas d'événements inattendus ou inhabituels. L'État peut aussi porter à la connaissance de l'OMS certains renseignements, même si la situation d'urgence sanitaire n'est pas encore atteinte, afin d'obtenir de l'aide dans la vérification de ces informations.

32.- Déclaration de l'urgence de santé publique par l'OMS. Une fois lesdites informations reçues, il appartient au Directeur Général de l'OMS d'évaluer en collaboration avec l'État concerné, si la situation correspond à une urgence de santé publique de portée internationale. Si tel est le cas, le Directeur Général déclare qu'il existe une urgence de santé publique de portée internationale. Il communique ensuite les informations et les recommandations permettant de faire face au risque.

Après avoir passé en revue l'État comme acteur essentiel du système de santé, il convient tout aussitôt d'examiner les professionnels et les établissements de santé.

Chapitre II.

Les professionnels et établissements de santé

33.- Les acteurs de la prise en charge des soins. La prise en charge des patients fait intervenir les différents professionnels de santé (section I) et établissements de santé (section II), qu'il sied tout aussitôt d'analyser.

Section I. Les professionnels de santé

Sous cette section, nous examinerons successivement la notion de professionnel de santé (§1), les principes généraux régissant l'exercice de l'art de guérir (§2) et les droits et devoirs des professionnels de santé (§3).

§1. La notion de professionnel de santé

A. Qui est professionnel de santé ?

34.- Définition. Le professionnel de santé est toute personne qui exerce une profession de santé conformément à la loi et dont les compétences l'amènent à traiter ou à soigner des malades ou encore à contribuer au maintien ou à l'amélioration de l'état de santé des patients. À cet effet, l'exercice de la profession de santé doit être autorisé par la loi suivant les conditions bien spécifiques à chaque catégorie des professionnels de santé.

B. La catégorisation des professionnels de santé

35.- Diversité des professionnels de santé. Aux termes de l'article 48 alinéa 1er de la loi n° 18/035 du 13 décembre 2018 relative à la santé publique « *Le personnel de santé comprend deux catégories à savoir : le personnel* *directement et celui indirectement engagé dans l'administration des soins ».* Cette taxinomie faite par le législateur ne peut être mieux comprise qu'au moment où le ministre ayant la santé publique dans ses attributions prendra l'arrêté fixant la nomenclature du personnel de santé conformément à l'alinéa 2 de l'article 48 précité. Néanmoins, nous nous référons à la doctrine pour cerner la classification complète des professionnels de santé.

Selon Amanda DUBUIS, s'inspirant du droit français, donne une nomenclature du personnel de santé en trois catégories à savoir : « les professions médicales, de la pharmacie ainsi que les auxiliaires médicaux et autres professionnels de santé » ;[51] dont voici la teneur :

1. Les professions médicales

36. - La catégorie des professionnels de santé inclut tout d'abord les professions médicales. Celles-ci regroupent bien sûr les médecins, mais aussi les chirurgiens-dentistes, les sages-femmes et les tradipraticiens[52].

2. Les professions de la pharmacie

37.-La seconde sous-catégorie de professionnels de santé regroupe les professions de la pharmacie. Outre les pharmaciens, sont inclus les préparateurs en pharmacie, les préparateurs en pharmacie hospitalière et les assistants en pharmacie.

3. Les auxiliaires médicaux et autres professionnels de santé

Citons d'abord les auxiliaires médicaux avant de voir les autres professionnels de santé.

---

[51] A. DUBUIS, *op.cit.,* p.57.

[52] Article 59 de la loi n°18/035 du 13 décembre 2018 fixant les principes fondamentaux relatifs à l'organisation de la santé publique, in *J.O.RDC,* 59ème année, numéro spécial, du 31 décembre 2018, col.2.

a. Les auxiliaires médicaux

38.- La troisième et dernière sous-catégorie de professionnels de santé regroupe tout d'abord les nombreuses professions d'auxiliaires médicaux.

Elle comprend :

- les infirmiers ou infirmières ;
- les masseurs-kinésithérapeutes ;
- les pédicures-podologues ;
- les ergothérapeutes ;
- les psychomotriciens ;
- les orthophonistes ;
- les orthoptistes ;
- les manipulateurs d'électroradiologie médicale ;
- les techniciens de laboratoires médicaux ;
- les audioprothésistes ;
- les opticiens-lunetiers ;
- les prothésistes et orthésistes pour l'appareillage des personnes handicapées (catégorie regroupant les orthoprothésistes, les podo-orthésistes, les épithésistes et les orthopédistes-orthésistes) ;
- et les diététiciens.

b. Les autres professionnels de santé

39.- Outre les auxiliaires médicaux, la dernière sous-catégorie inclut quatre professions:

- les aides-soignants ;
- les auxiliaires de puériculture ;
- les ambulanciers ;
- et les assistants dentaires.

§2. Les principes généraux régissant l'exercice de l'art de guérir

40.- Les principes généraux régissant l'exercice de l'art de guérir peuvent être classés dans le cadre réduit de cet enseignement, de la sorte : l'obligation d'appartenir à un ordre ou à une association professionnelle (A), le droit de jouir du monopole (B) et l'exercice illégal de l'art de guérir (C) ainsi qu'à la reconnaissance d'autres types de droits et obligations qui incombent aux professionnels de santé (D).

A. Les ordres et associations professionnels

1. Notions

Le personnel de santé est organisé en ordres ou en associations professionnels, dit l'article 49 de la loi numéro 18/035 du 13 décembre 2018 relative à la santé publique.

41.- Distinction entre un ordre professionnel et une association professionnelle. - Il y a lieu de définir d'abord l'ordre professionnel et association professionnelle, et ensuite, faire la nuance entre ces deux concepts.

En effet, un ordre professionnel « *est un regroupement professionnel ayant la personnalité juridique, auquel sont obligatoirement affiliés les membres de certaines professions libérales et est investi des fonctions administratives (notamment l'inscription au tableau professionnel nécessaire pour exercer) et juridictionnelles (en matière disciplinaire)* »[53].

Il s'agit donc, d'un organisme regroupant, sur un territoire donné, l'ensemble de membres d'une même profession libérale et qui assure une forme de régulation de ladite profession.

En revanche, une association professionnelle est un regroupement de personnes formées par une convention de deux ou plusieurs membres d'une même profession qui mettent en commun d'une façon permanente leurs

[53] C. OMAMBO LOSEKE, *La faute dans l'exercice de l'art de guérir. Responsabilité pénale, civile, administrative et professionnelle du personnel soignant, pharmaciens et tradipraticiens*, Kinshasa, Ed. LOLANGO, 2018, p.92.

connaissances ou activités en vue de promouvoir et protéger leurs intérêts.[54]

42.- Précision sur la nuance. Cependant, l'ordre professionnel se distingue d'une association professionnelle, en ce que :

- l'ordre est créé par la loi alors que l'association par une convention de ses sociétaires ou mieux de ses membres ;
- l'appartenance à l'ordre est obligatoire et une condition pour exercer la profession alors que celle de l'association est facultative et n'a aucune incidence sur l'exercice de la profession ;
- il n'existe qu'un seul ordre pour une profession alors qu'on peut avoir plusieurs associations dans une même profession ;
- en fin, l'ordre protège la sécurité du public (intérêt général) alors que l'association celle de ses membres (intérêt privé).

2. Règles communes relatives aux missions des ordres professionnels

43. Trois missions principales sont reconnues aux ordres professionnels à savoir : garantir la déontologie de la profession (a), la compétence des professionnels de santé (b) et conseiller ces derniers. (c).

a. Garantir la déontologie de la profession

44.-Garantir la déontologie de la profession est l'une des missions principales des ordres. Pour cela, l'ordre participe à l'élaboration du Code de déontologie de sa profession.

---

[54] En droit congolais, les associations sont régies par la loi n°004/2001 du 29 juillet 2001 portant dispositions générales applicables aux associations sans but lucratif et aux établissements d'utilité publique.

On trouve par exemple les codes de déontologie médicale[55] et de déontologie des pharmaciens[56].

Pour chacune des professions de santé concernée, le code de déontologie rassemble les diverses règles garantissant l'éthique et la déontologie de la profession. Ces règles sont destinées à guider l'exercice professionnel et portent essentiellement sur :

- les devoirs généraux de la profession (indépendance professionnelle, obligation de respect de la vie et de la personne humaine, interdiction de pratiquer l'art de guérir comme un commerce et de faire de la publicité, … ;
- les devoirs envers les patients (dont l'obligation de délivrer des soins consciencieux, dévoués et fondés sur les données acquises de la science) ;
- les rapports entre professionnels de santé (rapports de bonne confraternité, interdiction du détournement de patients, … ;
- les règles relatives à l'exercice de la profession (exercice personnel de la profession, chaque professionnel est responsable de ses décisions et actes, …) ;
- et enfin les règles diverses n'entrant pas dans les catégories précédentes (comme l'obligation de s'engager sous serment et à respecter le code de déontologie).

Les ordres sont également chargés de veiller au respect des règles prévues dans leur code de déontologie. Pour cela, les ordres professionnels sont investis d'un pouvoir disciplinaire. Les professionnels ayant manqué à leurs obligations déontologiques sont susceptibles d'être sanctionnés d'un avertissement, d'un blâme, d'une interdiction temporaire d'exercer certaines activités de la

[55] Ordonnance n°70-158 du 30 avril 1970 sur la déontologie médicale.

[56] Annexe de l'ordonnance-loi n°91-018 du 30 mars 1991 portant création de l'Ordre des pharmaciens.

profession, d'une omission au tableau de l'ordre ou même d'une radiation du tableau de l'ordre.

b. Garantir la compétence des professionnels

45.-Pour pouvoir exercer, les professionnels de santé dont la profession est organisée en ordre doivent au préalable être inscrits au tableau de l'ordre concerné. À l'occasion de la demande d'inscription, le Conseil de l'ordre vérifie notamment que le professionnel est bien titulaire du diplôme requis.

En vertu de leur pouvoir disciplinaire, les conseils de l'ordre peuvent recevoir des plaintes relatives au défaut de compétence d'un professionnel. Les ordres sont alors parfois amenés à constater des manquements rendant dangereux l'exercice de la profession. Outre l'interdiction d'exercer ou l'interdiction de pratiquer certaines activités, une obligation de suivre une formation de remise à niveau peut être prononcée à l'égard du professionnel. Le suivi de cette formation conditionne alors la reprise des activités.

c. Conseiller les professionnels

46.-Les ordres accompagnent leurs membres dans leur vie professionnelle, notamment par le biais de conseils juridiques. Les conseils de l'ordre proposent notamment des modèles de contrats, des guides pratiques, ou encore des conseils relatifs à la forme sociétale ou aux statuts les plus adaptés. Ils sont également compétents pour organiser une conciliation en cas de conflit avec un patient ou un confrère.

B. Monopole de l'exercice de l'art de guérir

47.- *Ratio legis* du monopole. - Le monopole reconnu aux professionnels de santé dans l'exercice de l'art de guérir a pour finalité de sécuriser ou mieux de protéger les patients contre les abus des imposteurs dépourvus non seulement d'éthique professionnelle, mais également d'expertise nécessaire pour soigner. Ainsi, le monopole dans le domaine de l'art de guérir est instauré par le législateur pour répondre à une finalité sanitaire : celle de sécuriser la santé de la population en confiant l'art de guérir à des professionnels compétents, nantis du savoir et d'éthique professionnelle.

C. Exercice illégal de l'art de guérir

48.- Notion d'exercice illégal. Comme pour toute profession réglementée, l'exercice d'une profession de santé requiert que la personne soit titulaire du diplôme correspondant. À défaut, la personne concernée encourt des sanctions pour exercice illégal de l'art de guérir. Les sanctions y relatives permettent de protéger, d'une part, la profession et, d'autre part, les patients.

En effet, l'exercice illégal de l'art de guérir correspond à la réalisation d'actes relevant de la compétence d'une profession de santé réglementée (par exemple le fait de diagnostiquer une maladie, alors que le diagnostic relève du monopole médical).

49.- Régime répressif de l'infraction de l'exercice illégal de l'art de guérir. Ceux qui sont appelés à exercer l'art de guérir doivent posséder, outre des acquis académiques, des vertus pouvant leur permettre d'accomplir à bien leur tâche.

L'infraction d'exercice illégal de l'art de guérir, pour exister, exige un certain nombre d'éléments constitutifs.

50.- L'acte matériel d'exercice de l'art de guérir. Cet acte consiste à donner des consultations, poser un diagnostic, prescrire un médicament, administrer des traitements. Il s'agit de poser un acte de la fonction de médecin, de dentiste, d'infirmier, d'assistant infirmier, d'agent sanitaire, d'accoucheuse, d'assistant médical, d'aide infirmier, d'aide accoucheuse, de gérant de pharmacie et de la droguerie, bref du personnel de santé.[57]

---

[57] B. CIZUNGU M. NYANGEZI, *Les infractions de A à Z*, Kinshasa, Editions Laurent Nyangezi, 2011, p.299.

51. La non-détention d'un diplôme ou titre reconnu. La loi détermine les diplômes et les certificats légalement requis[58] « *le diplôme de docteur en médecine ou le diplôme spécial de médecine tropical et un certificat d'un stage pour les médecins ; le diplôme de dentiste pour les dentistes ; le diplôme autorisant à porter le titre, le certificat d'aptitude et un certificat d'un stage pour les infirmiers ; le grade légal d'assistante infirmière ou le diplôme équivalent pour les assistants (es) infirmiers (ères) ; le certificat d'aptitude et le certificat d'un stage pour les agents sanitaires ; le diplôme autorisant à porter le titre ou le diplôme équivalent, le certificat d'aptitude et le certificat d'un stage pour les accoucheuses ; le diplôme de pharmacien permettant l'exercice de la profession de gérant de pharmacie ou un diplôme équivalent* »[59]et « *l'autorisation d'exercer pour les tradipraticiens* »[60].

52. L'élément moral. - La connaissance de ne pas détenir les diplômes et certificats requis et l'absence de l'inscription au tableau de l'ordre dans le chef du prévenu rendent établi l'élément moral. Donc, l'agent doit avoir posé l'acte de manière intentionnelle de soigner les patients sans avoir la qualité requise par la loi. Il doit avoir porté une fausse qualité du personnel soignant, sachant très bien qu'il ne l'est pas.

53.- Poursuites. La base légale de l'infraction de l'exercice illégal de l'art de guérir est le décret du 19 mars 1952 sur l'exercice de l'art de guérir. La personne lésée, l'organe légalement constitué de la profession de santé

---

[58] Lire le Décret du 19 mars 1952 sur l'exercice de l'art de guérir et l'ordonnance 71-81 du 19 février 1958 portant exercice de l'art de guérir. - Conditions et modalités d'application, in B.A., 1958, p.533.

[59] Idem.

[60] Article 60 de la loi n°18/035 du 13 décembre 2018 telle que modifiée et complétée à ce jour, relative à la santé publique.

concernée et le ministère public peuvent mettre en mouvement l'action publique.

En effet, plusieurs personnes peuvent commettre l'infraction d'exercice illégal de l'art de guérir, à savoir :

« - La personne qui, sans justifier des conditions requises, exerce l'art de guérir ;

- Les personnes formées à l'art de guérir qui ne remplissent pas une des conditions prescrites, à peine de déchéance. Il peut ainsi s'agir des médecins, chirurgiens et leurs aides, dentistes ; des infirmiers, accoucheuses, gardes-malades, employés de laboratoires d'analyses médicales, masseurs kinésithérapeutes ; des directeurs d'hôpitaux et d'hospices, de directeurs de maternités ; des étudiants en médecine, en sciences infirmières ;

- Les guérisseurs appelés aussi tradipraticiens »[61].

54.- Sanctions. Aux termes des articles 17 à 20 du décret précité : trois mois à deux ans de servitude pénale et une amende ou l'une de ces peines seulement (art. 17) ; la fermeture temporaire ou définitive de l'établissement dans lequel l'infraction a été commise (art. 18 al. 1) ; l'interdiction temporaire ou définitive de l'auteur de l'infraction (art. 18 al 3) sont des sanctions applicables. En cas de violation de l'interdiction, l'auteur de violation subit un à six mois de servitude pénale principale et l'amende ou une de ces peines (art. 18 al 4). En cas de récidive dans le délai de deux ans après condamnation, les peines prévues peuvent être portées au double (art. 19). Il est en outre prévu la confiscation des substances saisies (art. 20).

Les patrons et employeurs sont responsables du paiement de l'amende et des frais auxquels sont condamnées les personnes à leur service, à moins qu'ils ne prouvent qu'ils n'aient pu empêcher l'infraction (article 21).

---

[61] B. CIZUNGU M. NYANGEZI, *op. cit.*, p. 300.

D. Droits et obligations des professionnels de santé.

55.- Énumération des droits et obligations des professionnels de santé. Tous les professionnels de santé ont des droits et sont soumis à des obligations professionnelles qui se trouvent soit dans le code de déontologie soit dans des textes spécifiques notamment les règlements applicables à leur profession. Cependant, dans le cadre réduit de cet enseignement, nous pouvons citer de manière générale le droit aux honoraires ou à la rémunération et à la protection, d'une part et l'obligation d'entretenir ses connaissances, d'information ainsi que de garder le secret professionnel, d'autre part.

1. Droits reconnus aux professionnels de santé

56.- Droit aux honoraires ou à la rémunération. Tout travail mérite un salaire, dit-on. Il est reconnu à tous les professionnels de santé le droit aux honoraires ou à la rémunération, selon qu'ils sont libéraux ou travailleurs dans un établissement public ou privé de la santé.[62]. Ainsi, qu'il s'agisse des honoraires ou de la rémunération, ils sont payés en fonction de l'atteinte d'objectifs poursuivis par les professionnels de santé dans le cadre de leur profession[63]. Pour ce qui est des médecins par exemple, l'article 62 de déontologie médicale précise que : « *Le médecin doit établir sa note d'honoraires avec tact et mesure. Les éléments d'appréciation sont : la situation de fortune du malade, la notoriété du médecin, l'importance du service rendu, les circonstances particulières. Un médecin n'est*

---

[62] Article 7 du Pacte international relatif aux droits économiques, sociaux et culturels de 1966 et article 36 alinéa 2 de la Constitution.

[63] A. MBENGA KAZAKU, *Médecin et droits de l'homme. Mise en œuvre de droit à la santé en République démocratique du Congo,* Kinshasa, Ed. de l'Institut Africain des droits de l'Homme et de la Démocratie, 2018, p.54.

jamais en droit de refuser à son client des explications sur sa note d'honoraires. »

Néanmoins, le professionnel de santé est libre de donner gratuitement ses soins quand sa conscience le lui commande.

57.- Droit à la protection. Enfin, le professionnel de santé a également le droit d'être protégé comme tout citoyen. En effet, le professionnel de santé peut être délié de son devoir de soigner un patient qui tente de l'agresser ou de le harceler, sauf pour des patients psychiatriques. Dans ce cas, le professionnel de santé rapporte immédiatement l'incident à sa hiérarchie qui décide de confier ce patient à un autre[64].

2. Obligations des professionnels de santé

58.-Obligation d'entretenir ses connaissances. L'obligation d'entretenir ses connaissances est imposée par le législateur à tous les professionnels de santé. Elle trouve son fondement à l'article 52 de la loi numéro 18/035 du 13 décembre 2018 relative à la santé publique qui institue la formation continue des professionnels de santé. Le droit aux soins diligents et de qualité reconnu aux malades par l'article 17 de la même loi, ne peut être effectif que si les professionnels de santé sont compétents ; et la compétence est acquise ou améliorée par la formation continue ou mieux renforcement des capacités de ces derniers.

Toute incompétence de nature à exposer la vie du patient de la part des professionnels de santé, constitue une faute susceptible d'engager la responsabilité de ces derniers.

59.- Obligation d'informer le patient. Le professionnel de santé doit à la personne qu'il examine, soigne ou qu'il conseille une information loyale, claire et appropriée sur son état de santé, les investigations et les soins qu'il lui

[64] Article 31 de la loi n°18/035 du 13 décembre 2018 relative à la publique telle que modifiée et complétée à ce jour.

propose. Il doit tenir compte de la personnalité du patient dans ses explications et veiller à sa compréhension. Le manquement à cette obligation peut entraîner la mise en jeu de la responsabilité du professionnel de santé lorsqu'il n'a pas permis l'expression d'un consentement éclairé du patient notamment au regard des éventuels risques du traitement projeté.

À cet effet, l'article 25 alinéa 1 de la loi n° 18/035 du 18 décembre 2018 relative à la santé publique telle que modifiée et complétée à ce jour, précise que : « *le patient a le droit d'être informé de manière claire et appropriée sur son état de santé, les traitements, leurs bénéfices et risques éventuels* ».

Néanmoins, l'obligation d'information du professionnel de santé n'est pas synonyme d'un devoir de tout dire. Le code de déontologie médicale[65] par exemple, spécialement en son article 26, donne au médecin la faculté de cacher au malade certains renseignements relatifs à un diagnostic ou pronostic grave. Mais la famille du malade ou l'un de ses proches doit en être informé.

60.-Obligation de garder le secret professionnel. Il est également imposé aux professionnels de santé l'obligation de garder secret des informations reçues de la part de leurs patients dans le cadre de prise en charge des soins, sauf dérogation établie par la loi[66]. Cette obligation est prévue à l'article 34 de la loi n° 18/035 relative à la santé publique précitée.

Le manquement à cette obligation expose le professionnel de santé aux peines prévues pour l'infraction de la révélation du secret professionnel conformément à

---

[65] Il s'agit de l'ordonnance-loi n° 70-158 du 30 avril 1970 déterminant les règles de déontologie médicale, in M.C, n°20, du 15 octobre 1970, p. 667.

[66] Article 34 de la loi n°18/035 du 13 décembre 2018 relative à la santé publique.

l'article 73 du Code pénal congolais livre II, qui dispose que : « *Les personnes dépositaires par état ou par profession des secrets qu'on leur confie qui, hors le cas où elles sont appelées à rendre témoignage en justice et celui où la loi les oblige à faire connaître ces secrets, les auront révélés, seront punis d'une servitude pénale d'un à six mois et d'une amende... ou d'une de ces peines seulement* ».

Bien plus, l'article 43 de la n° 08/011 du 14 juillet 2008 portant protection des droits des personnes vivant avec le VIH/SIDA et des personnes affectées telle que modifiée et complétée à ce jour[67], prévoit et réprime l'infraction de révélation du statut sérologique au VIH/SIDA d'une personne à une peine de servitude pénale principale d'un à six mois et d'une amende de cinquante à cent mille francs congolais ou d'une de ces peines seulement.

Le secret médical est donc protégé afin de garantir la vie privée du patient ainsi que son intérêt thérapeutique.

En pratique, la question est celle de savoir, le médecin peut-il prévenir le conjoint ou futur conjoint d'une personne atteinte d'une maladie sexuellement transmissible ?

La réponse à cette question mérite d'être nuancée. En principe, le médecin ne peut pas révéler cette information au conjoint ou futur conjoint de la personne atteinte d'une maladie sexuellement transmissible. Il ne peut qu'inciter son patient à dévoiler sa séropositivité par exemple, à son conjoint ou futur conjoint ou encore à ses différents partenaires sexuels dans un délai raisonnable avant tout nouveau rapport sexuel, dit l'article 41 alinéa 1 de la loi n° 08/011 du 14 juillet 2008 portant protection des droits des personnes vivant avec le VIH/SIDA et des personnes affectées précitée. Exceptionnellement, le médecin peut prévenir le conjoint ou futur conjoint de son client malade que si ce dernier s'abstient d'en informer son partenaire

---

[67] Elle a été modifiée par la loi n°18/012 du 9 Juillet 2018, in *J.O.RDC.*, du 23 juillet 2018, n° spécial, col. 9.

dans un délai raisonnable, précise l'alinéa 2 de la même loi. À vrai dire, il s'agit là, d'un cas ardu de conscience pour le médecin, car il est objectivement difficile d'apprécier le délai raisonnable et de contrôler la vie intime du patient, du fait que la loi souligne, qu'il doit révéler le secret avant un tout nouveau rapport. Pour nous, le médecin doit chercher par tous les moyens à ce que l'information parvienne au conjoint ou futur conjoint de son patient et que ; c'est une question de fait laissée à l'appréciation souveraine du juge.

Section II. Les établissements de santé

Dans cette section, nous décryptons d'abord la catégorie des établissements de santé (§1), ensuite le régime juridique applicable et les sanctions attachées (§2).

§1. Catégorie et missions des établissements de santé

61.- La catégorie. - Le patient peut être pris en charge au sein d'établissements de santé publics ou privés. Aux termes de l'article 13 de la loi n° 18/035 du 13 décembre 2018 relative à la santé publique, les établissements de santé sont « organisés en services publics, en établissements publics ou privés, en établissements d'utilité publique ».

62.- Les missions des établissements de santé. Les établissements de santé ont plusieurs missions dans le cadre de prise en charge des patients, à savoir :

- ***Les missions relatives aux soins de santé***

Les établissements de santé assurent le diagnostic, la surveillance et le traitement des malades, des blessés et des femmes enceintes. Les soins peuvent être délivrés avec ou sans hébergement[68], sous forme ambulatoire ou à domicile.

---

[68] M. DUPONT, C. BERGOIGNQN-ESPER et C. PAIRE, *Droit hospitalier*, Paris, 7ème éd., Dalloz, 2009, p. 136.

Ils participent également à la coordination des soins prodigués par les professionnels de santé qui exercent en ville ou dans les établissements et services médico-sociaux.

- ***Les autres missions spécifiques de la santé publique***

Les établissements de santé mènent des actions de prévention et d'éducation à la santé. Il leur revient aussi de participer à la mise en œuvre de la politique de santé et des dispositifs de vigilance destinés à garantir la sécurité sanitaire.

§2. Régime juridique applicable aux établissements privés de santé

63.- Régime d'autorisation - base légale. Nul ne peut ouvrir ou faire fonctionner un établissement des services et soins de santé ou pharmaceutique privé s'il n'a obtenu, dans un délai de quatre-vingt-dix jours, une autorisation du ministre ayant la santé publique dans ses attributions ou son délégué, dit l'article 14 alinéa 1 de la loi numéro 18/035 du 13 décembre 2018 relative à la santé publique telle que modifiée et complétée à ce jour.

64.- Ouverture illégale d'un établissement des services et soins de santé ou pharmaceutique. La loi réprime l'ouverture illégale d'un établissement des soins de santé ou pharmaceutique. Cette infraction s'inscrit dans la droite ligne de la protection du droit à la santé. Pour jouir de l'administration des soins de santé, des institutions appropriées doivent être érigées afin de pourvoir à cette fin. C'est pourquoi, le législateur a, pour proscrire l'arbitraire et l'anarchie dans ce secteur extrêmement sensible et délicat, prévu des préalables à observer par toute personne désirant évoluer dans ledit secteur[69]. Pour que cette infraction soit retenue, la loi requiert l'existence d'un certain nombre d'éléments constitutifs.

---

[69] Z-R. NTUMBA MUSUKA, *Le droit à la santé. De l'aménagement des politiques publiques et du service public de santé vers l'émergence d'un droit pénal sanitaire en République démocratique du Congo*, Kinshasa, Ed. I.A.D.H.D, 2022, p.184.

65.- Élément matériel. L'élément matériel se cristallise en acte d'ouverture ou acte de fonctionnement de l'établissement privé des soins de santé ou pharmaceutique sans l'obtention préalable de l'autorisation du ministre de la Santé publique ou son délégué. En effet, le délai de nonante jours prévu à l'article 14 de la loi précitée est un délai d'attente qui commence à courir à partir du jour où le requérant a introduit sa requête tendant à solliciter ladite autorisation auprès du service attitré du ministère de la Santé publique.

La loi impose donc, l'obtention de l'autorisation susvisée nonante jours avant l'ouverture ou le fonctionnement dudit établissement et ce, après que l'établissement ait satisfait aux conditions exigées par le ministre de la Santé publique du Gouvernement central.

66.- Élément moral. L'élément matériel ne suffit pas à constituer l'infraction, car la loi requiert également un élément moral. En effet, l'infraction d'ouverture illégale d'un établissement privé des soins de santé ou pharmaceutique ne sera établie que si l'agent a agi volontairement. Et même dans l'hypothèse contraire, il ne peut être invoqué l'ignorance de la loi en la matière pour prétendre se disculper de cette infraction[70].

67.- Peines. L'ouverture illégale d'un établissement des soins de santé est punie de deux à cinq ans de servitude pénale principale et d'une amende d'un million de Francs congolais par l'article 131 alinéa 1 de la loi n° 18/035 du 13 décembre 2018 fixant les principes fondamentaux relatifs à l'organisation de la santé publique, telle que modifiée et complétée à ce jour.

---

[70] Z-R. NTUMBA MUSUKA, *op. cit.*, p. 187.

§3. Régime juridique applicable aux établissements publics de santé

68. – Régime spécifique. Les établissements publics de santé ont un régime juridique spécial, du fait qu'ils obéissent pour leur création et fonctionnement à la loi ainsi qu'aux dispositions réglementaires qui les organisent soit en service public, établissement public ou soit en établissement d'utilité publique. En d'autres termes, les conditions d'ouverture et de fonctionnement des établissements publics de santé sont déterminées par les actes juridiques qui les créent.

§4. Obligation générale de sécurité imposée à tout établissement de santé (privé et public).

69.- Portée de l'obligation de sécurité. Les établissements de santé ont une obligation de sécurité envers les malades. Ils doivent veiller sur la sécurité physique des malades et les préserver d'éventuels dommages c'est-à-dire veille à ce que l'exécution du contrat médical ne soit pas l'occasion de causer une atteinte dommageable au patient qui recourt à leurs services de soins. L'article 30 de la loi numéro 18/035 du 13 décembre 2018 relative à la santé publique est assez clair à ce sujet, en disposant que : « *Tout établissement ou toute institution de santé prend préventivement des mesures appropriées pour :*

1. *Éviter ou minimiser les accidents, les blessures ou les dommages aux personnels de santé directement ou indirectement engagés dans l'administration des soins ;*
2. *Éviter la transmission des infections nosocomiales ;*
3. *Veillez à la bonne gestion de déchets biomédicaux* ».

Cette disposition légale protège non seulement les patients, mais également les professionnels de santé qui travaillent au sein des établissements de santé. Les infections nosocomiales désignent : *« toute maladie infectieuse contractée dans un établissement de santé et affectant soit le malade du fait de son admission ou, des soins qu'il a reçu soit les personnels du fait de son activité »*[71]. En matière d'infections nosocomiales, il s'agit d'une obligation de sécurité - résultat dont l'établissement de santé ne peut se libérer qu'en rapportant la preuve d'un cas de force majeur.

La violation de cette obligation générale de sécurité est sanctionnée conformément au droit commun de responsabilité soit civile (indemnisation de la victime), soit pénale.

70.- Un établissement de santé peut-il maintenir un patient contre son gré pour des raisons thérapeutiques ? La réponse à cette question est négative en principe. Car, nul ne peut être admis ou maintenu contre son gré dans un établissement ou une institution de santé, sauf en cas d'urgence sanitaire, de décision de placement à des fins d'assistance, d'une mesure thérapeutique ou d'internement autorisés par la loi.[72]

Donc, le patient peut quitter à tout moment un établissement ou une institution de santé. Dans ce cas, l'article 38 de la loi relative à la santé publique précitée, reconnaît à l'établissement de santé ou toute institution de santé le droit de demander au malade une confirmation écrite de sa décision, et ce, après l'avoir expliqué en des termes précis et clairs sur les risques encourus.

---

[71] Article 3 point 21 de la loi n°18/035 du 13 décembre 2018 relative à la santé publique telle que modifiée et complétée à ce jour.

[72] Article 37 alinéa 1 de la loi n°18/035 du 13 décembre 2018 relative à la santé publique telle que modifiée et complétée à ce jour.

Chapitre III.
Le patient

71.- Dans la relation des soins entre le professionnel de santé et le patient, ce dernier a non seulement des droits (section 1), mais également d'obligations à respecter (section 2).

Section I : Les droits reconnus aux malades

Sont succinctement abordés dans cette section les droits généraux de la personne malade (§1) et les droits spécifiques de la personne malade en situation particulière (§2).

§1. Droits généraux de la personne malade

72.-La personne malade a plusieurs droits[73] qui lui sont reconnus par la loi. Il nous paraît loisible d'énumérer et commenter certains qui nous paressent généraux indépendamment de la situation de malade.

A. Droit de choisir

73. - Le libre choix du professionnel de santé par le patient. Toute personne est libre de consulter le professionnel de santé de son choix. Ce droit fondamental est prévu par l'article 15 de la loi n° 18/035 du 13 décembre 2018 relative à la santé publique qui dispose que : *« Toute personne a le droit de s'adresser au professionnel de santé de son choix, sauf en cas d'urgence ou de nécessité ».*

Il ressort clairement de cette disposition que le patient est libre de consulter le même praticien toute sa vie ou d'en

---

[73] C. GILIOLI, *Droits des patients*, Paris, Elsevier Masson, 2018.

changer régulièrement, de solliciter le spécialiste recommandé par le médecin traitant ou d'en préférer un autre, d'évoluer dans le secteur public ou privé ou encore de consulter plusieurs professionnels de santé sur une même problématique pour disposer de plusieurs avis.[74]

Il peut également solliciter des professionnels à proximité de son domicile ou aller à l'étranger afin de rencontrer les professionnels de santé de son choix.

Le libre choix du professionnel de santé par le patient peut être résumé en trois hypothèses : « choisir librement le professionnel de santé », « choisir librement l'établissement de santé » et « choisir librement le mode de prise en charge : ambulatoire ou à domicile ».

Cependant, le principe de libre choix du professionnel de santé par le patient n'est pas absolu. Le patient peut se voir être privé du libre choix en cas d'urgence ou de nécessité.

74.- Application de principe du libre choix du professionnel de santé par le patient. Il a été jugé :

- *qu'il est exclu qu'un professionnel ou un établissement de santé entrave le libre choix du patient, en refusant par exemple la transmission des informations médicales à sa disposition auprès du praticien choisi par le malade, ou en conditionnant l'accès à un praticien à la remise d'une lettre d'introduction.*[75] *;*
- *que le professionnel ou l'établissement de santé ne doit pas faire obstacle au choix du patient de changer de praticien ou d'établissement, même si une prise en charge a déjà débuté, ce commencement d'exécution ne faisant pas d'obstacle au libre choix du patient.*[76]

---

[74] S. BOUADBDALLAH, *Le droit de la santé en schémas*, Paris, Ellipses, 2022, p.18.

[75] Cass.Fr.ch.réum, 16 mai 1963, n°61-90673, citée par S. BOUADBDALLAH, *op.cit.*, p.18.

[76] Civ.1, Fr, 13 déc. 2017, n°17-18.437.

B. Droit de consentir

75.- Le droit du patient de consentir aux soins. Ce droit trouve son fondement dans plusieurs textes juridiques, en l'occurrence l'article 7 du Pacte international relatif aux droits civils et politiques 1 966 qui dispose que : *« Nul ne sera soumis à la torture ni à des peines ou traitements cruels, inhumain ou dégradant. En particulier, il est interdit de soumettre une personne sans son libre consentement à une expérience médicale ou scientifique »*, et l'article 16 de la constitution renchérit que : « *La personne humaine est sacrée. Toute personne a droit à la vie, à l'intégrité physique* » et l'article 26 alinéa 1 - 2 de la loi numéro 18/ 035 du 13 décembre 2018 relative à la santé publique abonde dans le même sens en disposant que : *« Toute personne capable de discernement peut, dans le respect de la loi, déterminer de façon anticipée les traitements médicaux auxquels elle consent au cas où elle deviendrait incapable de discernement. Elle peut désigner une personne physique appelée à s'entretenir avec le personnel soignant ».*

Le corps humain est inviolable. Un individu ne peut, sous peine de sanctions à l'encontre de l'auteur, être contraint de subir une atteinte à son corps quand bien même elle se trouverait justifiée par l'intérêt légitime d'un autre individu[77]. Le principe d'inviolabilité du corps humain signifie que chacun a droit au respect de son corps, et il ne peut subir aucune atteinte à l'intégrité.

Des sanctions civiles et pénales sont mises en œuvre en cas de toute atteinte illicite, car chacun a droit au respect de son corps ; comme nous le verrons plus loin.

En définitive, c'est en vertu du principe de l'inviolabilité du corps humain qu'un chirurgien par exemple, ne peut se permettre de procéder à une quelconque opération, quelle

[77] AMISI HERADY, *op.cit.*, p.45.

qu'en soit l'utilité, sans le consentement[78] du malade ou, si celui-ci est dans l'impossibilité de manifester une volonté raisonnablement valable, le consentement de la personne chargée de le représenter ou encore en cas d'incapacité juridique, le consentement du représentant légal.[79]

76.- Application du droit au consentement. Il a été jugé :

- *Que le respect de la personne impose aux praticiens, avant de pratiquer une opération, d'obtenir le consentement de son patient ; en violant cette obligation, il commet une atteinte grave au droit du malade et un manquement à ses devoirs médicaux* [80] *;*
- *qu'il ne peut être porté atteinte à l'intégrité du corps humain qu'en cas de nécessité médicale pour la personne ou à titre exceptionnel dans l'intérêt thérapeutique d'autrui.* [81]

C. Droit aux soins diligents et de qualité

77.- Base légale. - Le droit aux soins diligents et des qualités et consacré par l'article 17 de la loi n° 18/035 du 13 décembre 2018 relative à la santé publique. Aux termes de cette disposition légale *« Le malade a droit aux soins diligents et de qualité. Il le fait valoir personnellement ou par toute autre personne interposée ».*

---

[78] P.BICLET, C. JONAS, B.SEVESTRE, *Aspect juridique de la pratique médicale*, Paris, Doin, 1996, p.94.

[79] Article 215 du code de la famille énumère limitativement les personnes incapables aux termes de la loi.

[80] Req.28 janvier 1942, Parcelier C/Teyssier, DC1942.63 ; Gaz.Pal.1942-1, p.177, in C. BERGOIGNAN-ESPER et P. SARGOS, *Les grands arrêts du droit de la santé*, Paris, Dalloz, 2010, p.3.

[81] Civ., Fr, 1er 28 janvier 2010, Mme M. c/CPAM de l'Inde et M. S, N°0910992, D.2010, note P. Sargos, Gaz. Pal. mars 2010, p.10, note J-P. Bugnicourt, RLDA mars 2010, n°69, p.21, in Idem, p.4.

78.- Contenu du droit aux soins diligents et de qualité. Le malade a droit aux soins diligents signifie que le professionnel de santé doit dispenser les soins en toute rapidité et efficacité dès qu'il est consulté ou mieux ce qui revient au même, dès qu'il reçoit le malade dans son établissement de santé privé ou public. Il est interdit aux professionnels de santé d'abandonner le malade en situation d'urgence pour le seul motif par exemple du défaut de paiement des frais, sous peine d'être poursuivis pour l'infraction de non-assistance à personne en danger.[82]

En effet, la non-assistance à personne en danger est le fait pour celui qui est témoin d'une agression contre une personne, ou celui qui découvre une personne en danger des morts, qui a la possibilité de porter secours à la victime sans risque pour lui-même ou pour un tiers, de s'abstenir volontairement de porter secours. Ainsi, le professionnel de santé qui s'abstient volontairement de porter secours à une personne malade dans une situation critique, viole son devoir général d'humanisme. Par exemple : l'article 2 du code de déontologie médicale dispose que : « *Quelle que soit sa fonction ou sa spécialité, tout médecin doit, hors le seul cas de force majeure, porter secours d'extrême urgence à un malade en danger immédiat si d'autres soins médicaux ne peuvent lui être assurés* ».[83]

En revanche, le droit aux soins de qualité renvoie à « *la délivrance à chaque patient de l'assortissement d'actes diagnostiques et thérapeutiques qui lui assurera le meilleur résultat en termes de santé, conformément à l'état actuel de la science médicale, au meilleur coût pour un même résultat, au moindre risque iatrogène et pour sa plus grande satisfaction en termes de procédures, des résultats*

---

[82] Le texte qui réprime la non-assistance à personne en danger est l'article 66 ter et quater du code pénal livre II.

[83] Ordonnance n°70-158 du 30 avril 1970 déterminant les règles de la déontologie médicale ; in M.C, n°20,15 octobre 1970, p.667.

et des contacts humains à l'intérieur du système de soins »[84].

Cette définition de la qualité des soins de l'OMS met en exergue l'importance d'une approche holistique des soins. Elle ne se limite pas uniquement aux résultats médicaux, mais va jusqu'à la satisfaction du patient, l'efficacité, le coût et la minimisation des risques. Elle met également accès sur la compétence du professionnel de santé qui doit poser les diagnostics et dispenser les soins aux malades avec satisfaction.

79.- Un refus de soins est-il légitime pour un professionnel de santé ? Le refus de soins est légitime hors le cas d'urgence et celui où le professionnel de santé manquerait à ses devoirs d'humanité.

Par exemple, pour le médecin, l'article 23 du code de déontologie médicale dispose que : *« Tout médecin est libre de refuser ses soins à un malade, sauf le cas d'urgence avérée et celui où il manquerait à ses devoirs d'humanité ».*

À vrai dire, le caractère urgent de la maladie du patient et la violation du devoir d'humanité sont soumis à l'appréciation souveraine du juge, et ce, au cas par cas.

D. Droit à l'information

80.- Contenu. Le droit à l'information est d'une utilité capitale pour le patient, car, il permet à ce dernier de décider en toute connaissance de cause des traitements médicaux auxquels il est appelé à consentir. Ainsi, le législateur impose une obligation d'information à tous les professionnels de santé [85]. Cela ressort clairement des dispositions de l'article 25 de la loi numéro 18/035 du 13 décembre 2018 relative à la santé publique précédemment analysée **(voir n° 59).**

---

[84] Cette définition de la qualité de soins est donnée par l'OMS, Www.who.int.

[85] Supra n° 59.

La violation de ce droit peut exposer son auteur à des sanctions tant civiles, pénales qu'administratives conformément au droit commun, comme nous le verrons plus loin. Les ayants droit d'un patient décédé ont également le droit d'être informés des causes du décès et du traitement administré à ce dernier, à moins que de son vivant, le défunt ne s'y soit expressément opposé par écrit. Cependant, en cas de décès dû à une maladie contagieuse susceptible de mettre en péril la vie humaine, l'opposition du patient décédé ne vaut.[86] L'établissement ou l'institution de santé élabore un rapport de cause du décès.[87]

E. Droit d'accès au dossier médical

81. Contenu et base légale. La relation entre un patient et un professionnel de santé est faite d'échanges et d'interactions ritualisés dans le cadre de l'examen clinique opéré par le professionnel de santé, aidé au besoin par divers rapports biologiques, radiologiques ou l'avis d'autres professions de santé, indispensables à l'analyse de certains symptômes [88] . L'ensemble de toutes ces informations recueillies sur l'état de santé du patient par le professionnel de santé constitue les éléments du dossier médical. À cet effet, tout professionnel de santé pratiquant à titre dépendant ou indépendant a l'obligation de tenir un dossier médical pour chaque patient.[89]

L'article 33 de la loi n° 18/035 du 13 décembre 2018 relative à la santé publique précise que le dossier médical *« comprend toutes les pièces concernant le patient, notamment l'anamnèse, le résultat de l'examen clinique,*

---

[86] Article 39 de la loi n°18/035 du 13 décembre 2018 relative à la santé publique.

[87] *Idem.*

[88] S. BOUABDALLAH, *op. cit.,* p.272.

[89] Article 32 de la loi n°18/035 du 13 décembre 2018 relative à la santé publique.

des analyses effectuées, l'évolution de la situation du patient, les soins proposés et ceux effectivement administrés, avec l'indication de l'auteur et de la date de chaque inscription ».

82.- Délai de conservation du dossier médical. Les éléments du dossier du patient, aussi longtemps qu'ils présentent un intérêt pour sa santé, sont conservés pendant au moins dix ans dès son ouverture et ledit dossier est détruit après vingt ans dès son ouverture, sauf s'il revêt un intérêt particulier, dit l'article 35 de la loi n° 18/035 précitée.

Toutefois, le patient peut consentir par écrit à une prolongation de la durée de conservation de son dossier à des fins de recherche.

83.- Modalités d'accès du patient à son dossier médical. Les formalités à respecter par le patient sont assez simples, il lui suffit de faire une demande par écrit au professionnel de santé ou à l'établissement de santé. Toutefois, en cas de litige les mécanismes de droit commun sont d'application notamment la réquisition d'information, la citation à comparaître, voir un jugement avant dire droit ordonnant ce devoir.

§2. Droits spécifiques de la personne malade en situations particulières

84.- Les droits spécifiques reconnus à la personne malade en situation particulière se résument dans le cadre de cet enseignement : aux droits de la personne malade en détention préventive ou emprisonnée (A), d'une part, et aux droits de la personne malade en fin de vie (B).

A. Droits de la personne malade en détention préventive ou emprisonnée

85.- Bases légales et portée des droits consacrés. Les droits de la personne malade en détention préventive ou emprisonnée sont consacrés par une loi générale et une loi spéciale. En effet, la loi à portée générale est celle relative aux principes fondamentaux de l'organisation de la santé publique du 13 décembre 2018, spécialement en son article 24. Quant à la loi spéciale, il s'agit de la loi n° 23/028 du 15 juin 2023 déterminant les principes fondamentaux relatifs au régime pénitentiaire, spécialement au titre III, articles 30 à 33.[90]

L'ensemble de dispositions de ces deux lois suscitées, reconnaît le droit aux soins à charge de l'État et au libre choix de la personne en détention préventive ou emprisonnée de l'établissement de santé.

B. Droits de la personne malade en fin de vie

La personne malade en fin de vie a également des droits notamment aux soins, soulagement et réconfort appropriés, d'une part et droit au certificat de décès, droit à l'incinération et l'exhumation, d'autre part.

1. Droit aux soins, soulagement et réconfort appropriés

86.- Précision sur la notion de fin de vie. La personne malade en fin de vie est celle atteinte d'une affection grave et incurable avec un pronostic vital à court terme et présente une souffrance réfractaire au traitement ou la décision d'arrêter un traitement risque d'entraîner une souffrance insupportable.

Face à cette situation, le problème juridique est celui de savoir s'il serait licite que le médecin ou un autre professionnel de santé provoque délibérément la mort d'une personne qui souffre des maladies incurables pour abréger par pitié ses souffrances.[91]

87.- Dans ce cas, le médecin n'a qu'une seule obligation, celle d'apaiser la souffrance du malade. Le

[90] J.O.RDC, 64ème année, spécial du 8 juillet 2023, Col.14.

[91] NYABIRUNGU mwene SONGA, *Responsabilité pénale et civile du médecin en droit zaïrois*, Kinshasa, D.E.S., 1995, p.39.

médecin qui accepte de traiter un malade, s'oblige à avoir le souci primordial de conserver la vie humaine.[92] La loi lui reconnaît la liberté de prescrire en restant dans les limites imposées par les conditions où se trouvent les malades. Dans toute la mesure compatible avec la qualité et l'efficacité des soins, le médecin doit limiter au nécessaire les prescriptions et les actes.

À cet effet, l'article 19 de la loi n° 18/035 du 13 décembre 2018 relative à la santé publique dispose que : *« le patient en fin de vie a droit aux soins, au soulagement et au réconfort approprié. Il bénéficie d'un accompagnement de ses proches ».*

88. Il est interdit au médecin de pratiquer l'euthanasie et l'orthothanasie. En droit congolais la pratique de l'euthanasie est interdite par l'article 19 du code de la déontologie médicale. L'euthanasie est considérée comme un meurtre ou un assassinat, puni de la peine de mort.[93]

L'euthanasie, au sens étymologique, a une filiation grecque (*eu* : bien, et *thanatos* : une mort) qui veut dire « façon heureuse de mourir. Avec, sans doute trois accentuations possibles : *de mort belle, de mort bonne, de mort douce ».*[94]

Ainsi, sera poursuivi pour meurtre, celui qui tue par pitié pour mettre fin à une agonie accompagnée d'intolérables souffrances, fût-ce à la demande de la victime elle-même et même si la mort est prévisible, prochaine et certaine.[95]

S'agissant de l'***orthothanasie*** appelée également l'abandon des soins, elle consiste dans le fait de laisser le

---

[92] Article 18 point 3 du code de déontologie médicale régit par l'ordonnance 70-158 du 30 avril 1970, in BA, 1959, p.2302.

[93] Articles 44 et 45 du code pénal congolais livre II.

[94] B. LEGROS, *Euthanasie, arrêt de traitement, soins palliatifs et sédation. L'encadrement par le droit de la prise en charge médicale de la fin de vie,* Bordeaux, Ed. Les études hospitalières, 2011, p.30.

[95] B. CIZUNGU M. NYANGEZI, *op.cit.,* p.291.

malade mourir de sa mort naturelle en s'abstenant de lui prodiguer des soins[96]. La vocation du médecin est de conserver la vie, répétons-le. Cependant, il peut arriver que le malade et ses parents après constat de l'état incurable demandent au médecin de s'abstenir de tout soin en vue d'obtenir la mort du malade. Une telle demande ne peut justifier le médecin. En droit congolais, le médecin qui accède et exécute une telle demande commet une infraction. Il peut être poursuivi pour refus de porter secours à une personne en danger, conformément à l'article 66 quater du Code pénal.

2. Droit au certificat médical de décès

89.- La mort du malade hospitalisé. La mort marque la fin de la personnalité juridique d'une personne physique. Elle doit donc être certaine pour répondre à d'évidents impératifs de sécurité juridique par rapport aux conséquences qu'elle entraîne. C'est pourquoi ; la loi impose que la mort soit constatée par un médecin à travers un certificat médical de décès.

Le certificat médical de décès permet aux membres de famille de la personne ainsi décédée, d'effectuer les démarches administratives nécessaires en vue de l'établissement d'un acte de décès par l'officier de l'état civil et le permis d'inhumer.[97]

3. Droit à l'incinération et l'exhumation

90.- Contenu base légale. L'incinération est une technique funéraire consistant à brûler le corps d'un défunt afin de le réduire en cendres. Alors que l'exhumation désigne le déterrement du cadavre hors de sépulture ou

---

[96] B. CIZUNGU M. NYANGEZI, *op.cit.*, p.24.

[97] Article 78 du code de la famille et l'article 2 de l'ordonnance du 14 février 1914 portant sur le service des inhumations et police des cimetières, in B.O, 1914, p.539.

mieux du tombeau. Ces pratiques sont courantes dans notre société pour des raisons variées découlant soit de la volonté du défunt, soit des circonstances particulières qui ont entouré la mort de la personne. Elles sont autorisées en République démocratique du Congo et réglementées minutieusement par l'ordonnance n° 11-170 du 24 mai 1950 sur l'incinération des cadavres humains [98] et l'ordonnance du 26 mars 1915 portant l'exhumation et transport à l'étranger des restes mortels de personnes décédées dans la colonie[99] qui déterminent clairement la procédure à suivre.

Cependant, à ce jour, aux termes de l'article 40 de la loi n° 18/035 du 13 décembre 2018 relative à la santé publique, telle que modifiée et complétée à ce jour, *« l'autorisation d'incinérer ou d'exhumer un corps est délivrée par le Gouverneur de province ou par le Procureur de la République, selon le cas. L'autorisation de transporter un mort est délivrée par l'autorité locale. »*

Le patient n'a pas que des droits, il a également des obligations, qu'il convient de voir dans les lignes qui suivent.

Section II. Obligations de malade dans une relation des soins

91.- Deux obligations fondamentales : observance des prescriptions médicales et paiement d'honoraires des professionnels et frais des établissements de santé. Les droits reconnus aux patients s'accompagnent des obligations de nature à garantir la pérennité du système de santé et des principes sur lesquels il repose.

Ces obligations sont ici résumées en deux, à savoir : l'obligation d'observance des prescriptions médicales (§1)

---

[98] In B.A., 1950, p.1429.
[99] In B.O., 1915, p.108.

et l'obligation de payer les honoraires des professionnels et frais d'établissement de santé. (§ 2)

§1. Obligation d'observance des prescriptions médicales

92.- Contenu de l'obligation d'observance. L'observance est définie comme l'action d'observer « des devoirs, des règles prescrites ». [100] Au demeurant, l'« observance » en pratique médicale courante se définit comme étant « la concordance entre le comportement d'un patient et les prescriptions hygiéniques, diététiques et médicamenteuses qui lui ont été faites ».[101]

En effet, pour garantir la protection de la santé, le droit impose traditionnellement aux professionnels de santé des obligations de compétence, diligence et de prudence, comme nous venons d'étudier *supra*. L'évolution des pratiques médicales, plus récemment, du droit a progressivement introduit la notion de devoir des malades.[102]

Ainsi, au triptyque compétence-diligence-prudence du professionnel de santé, semble faire écho le triptyque vigilance-transparence- observance du patient. Anne LAUDE et Didier TABUTEAU précisent que : « *vigilance au regard des risques ou en cas d'apparition des symptômes ; transparence des informations médicales à l'égard des professionnels de santé et observance des recommandations et traitements.* »[103]

C'est dans cette droite ligne que s'inscrit l'article 37 in fine de la loi n° 18/035 du 13 décembre 2018 relative à la

---

[100] Dictionnaire universel de la langue française Bescherelle de 1852.

[101] A. LAUDE et D. TABUTEAU (sous dir), De l'observance à la gouvernance de santé, 1ère éd., Paris, PUF, 2007, p.11.

[102] Section 1ère du chapitre II, du titre II de la loi n°18/035 relative à la santé publique est intitulée « des droits et des devoirs des malades et des professionnels de santé ».

[103] A. LAUDE et D. TABUTEAU, *op.cit.,* p.9.

santé publique qui dispose que : « *Le patient donne aux professionnels de santé les renseignements les plus complets sur sa santé et s'oblige de respecter les prescriptions qu'il reçoit* ».

§2. Obligations de payer les honoraires de professionnels et les frais des établissements de santé

93.- Contenu de l'obligation de payer. - Le droit aux soins a pour contrepartie un certain nombre d'obligations dont le patient doit s'acquitter, notamment celle de payer les frais liés aux soins. En d'autres termes, il incombe au patient de payer aux professionnels et établissements de santé les sommes de prise en charge des soins. Le code de déontologie médicale est assez clair quant à ce.

L'article 62 du code précité dispose que : « *Le médecin doit établir sa note d'honoraires avec tact et mesure. Les éléments d'appréciation sont : la situation de fortune du malade, la notoriété du médecin, l'importance du service rendu, les circonstances particulières. Un médecin n'est jamais en droit de refuser à son client des explications sur sa note d'honoraires.* »

Cependant, tout professionnel de santé est libre de donner gratuitement ses soins quand sa conscience les lui recommande.

Les produits pharmaceutiques et les activités biomédicales sont également au cœur du débat en Droit de la santé, qu'il convient d'étudier au titre suivant.

TITRE II.

LES PRODUITS PHARMACEUTIQUES ET ACTIVITÉS BIOMÉDICALES

94.- Précision sémantique. Juridiquement le concept de produit pharmaceutique a une signification plus large qui englobe *« tout médicament, réactif biologique, produit chimique officinal, produit galénique y compris le produit cosmétique, les denrées alimentaires destinées à une alimentation particulière, objet de pansement et tout autre produit nécessaire à la médecine humaine ou vétérinaire »*[104]. Dans le cadre de cet ouvrage, notre analyse se limite au concept de médicament, et ce, pour des raisons pédagogiques étant donné que les produits pharmaceutiques sont divers.

En effet, le médicament au sens de la réglementation en vigueur désigne *« toute substance ou composition présentée comme possédant des propriétés curatives ou préventives à l'égard des maladies humaines ou animales, ainsi que toute substance ou composition pouvant être utilisée chez l'homme ou chez l'animal ou pouvant être administrée, en vue d'établir un diagnostic médical ou de restaurer, corriger ou modifier leurs fonctions physiologiques, immunologiques ou métaboliques »*[105].

---

[104] Lire à ce sujet, l'article 1er point 29 de l'Arrêté ministériel n°1250/CAB/MIN/SP/008/CPH/OBF/2015 du 28 septembre 2015 portant règlementation du commerce des produits pharmaceutiques en RDC, in J.O.RDC, 56ème année, Première partie- numéro 20 du 15 octobre 2015, Col. 80.

[105] *Idem*, point 22.

Les activités biomédicales, quant à elles, désignent les techniques, les observations et les protocoles utilisés dans le but de contribuer au développement de nouvelles connaissances ayant pour objet la personne humaine, les organes, tissus, cellules et autres produits issus du corps humain. Ces activités peuvent donc être envisagées autour de trois notions : *« l'homme, l'espèce humaine et le corps humain »*[106].

95. Annonce du plan. Sous ce titre sont abordés trois chapitres respectivement consacrés ; aux médicaments (chapitre I), produits du corps humain (chapitre II) et à la reproduction humaine (chapitre III).

[106] J-R. BINET, *Droit médical*, Paris, Montchrestien, 2010, p.136.

Chapitre I.
Les médicaments

Nous abordons sous ce chapitre, tour à tour, les préalables à la commercialisation des médicaments et la distribution ainsi que le contrôle qualité des médicaments.

Section I : Préalables à la commercialisation des médicaments

96.-Il nous paraît logique d'aborder en premier lieu les préalables relatifs à la protection de la santé publique (paragraphe 1) avant ceux relatifs à la protection des droits du fabricant des médicaments (paragraphe 2).

§1. Préalables relatifs à la protection de la santé publique

Avant la commercialisation des médicaments, deux préalables s'imposent en vue de protéger la Santé publique, notamment les essais cliniques (A) et l'autorisation de mise sur le marché (B).

A. Essais cliniques des médicaments

Posons d'abord, le principe en la matière (1), ensuite la problématique desdits essais cliniques au niveau continental (2).

1. Énoncé du principe

97.- Préalablement à leur mise sur le marché en vue de leur commercialisation, les médicaments et plus particulièrement les spécialités pharmaceutiques font l'objet d'essais cliniques, d'abord en laboratoire[107], puis chez l'homme.

S'agissant des essais en laboratoire, en vue de garantir la qualité et l'intégrité des résultats non cliniques, ceux-ci doivent être conduits conformément à des règles de bonnes pratiques de laboratoire[108].

Les essais cliniques[109] sont des études systématiques d'un médicament chez des sujets humains y compris des patients et d'autres volontaires, en vue de découvrir ou de vérifier ses effets, reconnaître d'éventuelles réactions indésirables et/ou étudier l'absorption du produit en question, sa distribution, son métabolisme et son excrétion de façon à en évaluer l'efficacité et la sécurité. Afin d'assurer la protection des personnes qui s'y prêtent, le législateur organise très précisément leur déroulement et les soumet à des conditions rigoureuses[110].

98.- De manière générale, la première condition qui a été toujours posée est celle relative au consentement de la personne qui se prête à de telles recherches. En effet, avant la participation à une recherche biomédicale ou des essais cliniques, la personne doit avoir reçu un certain nombre d'informations claires et compréhensibles concernant les essais, notamment sur l'objectif, la méthodologie, la durée, les bénéfices attendus, les contraintes et les risques prévisibles…[111].

---

[107] Notamment chez l'animal.

[108] Arrêté ministériel n°1250/CAB/MIN/SP/010/CPH/OMP/2015 du 28 septembre 2015, précité, spécialement à son article 1.

[109] A. LAUDE et D. TABUTEAU, *Essais cliniques quels risques ?* Paris, PUF, 2007, p.19.

[110] Ministère de la santé, Les lignes directrices pour l'évaluation éthique de la recherche impliquant des sujets humains en R.D. Congo.

[111] Articles 72 et suivants de la loi n°18/035 du 13 décembre 2018 fixant les principaux fondamentaux relatifs à l'organisation de la santé publique, in *J.O.RDC*, N° spécial 59ème année du 31 décembre 2018, telle que modifiée et complétée à ce jour.

Il faut noter que le consentement libre et éclairé de la personne concernée est recueilli par écrit. Des règles particulières de recueil du consentement sont prévues pour les mineurs non émancipés, les majeurs protégés et les majeurs qui sont hors d'état d'exprimer leur consentement[112]. À l'issue des essais cliniques, la personne a le droit d'être informée des résultats globaux.

La personne qui participe aux essais cliniques peut retirer son consentement à tout moment sans encourir aucune responsabilité ; ni aucun préjudice de ce fait[113].

99.-La deuxième condition ; se rapporte aux obligations auxquelles sont soumis les promoteurs et les investigateurs de la recherche, notamment leurs obligations financières, la souscription d'une assurance obligatoire, l'information des patients, le respect de confidentialité des données, la déclaration des effets indésirables et des faits nouveaux intéressants la recherche[114].

Les essais cliniques ne peuvent être mis en œuvre que s'ils répondent à une nécessité scientifique[115]. Afin, de s'assurer que les recherches envisagées répondent aux conditions fixées par la législation en la matière, tout projet doit recevoir, préalablement à sa mise en œuvre, un avis favorable du comité national de bioéthique[116].

---

[112] Article 215 et suivants du code de la famille.

[113] A. LAUDE, B. MATHIEU, D. TABUTEAU, *Droit de la santé*, 2e éd., Ed. Thémis, Paris, 2009, p.107.

[114] Article 72 de la loi n°18/035 du 13 décembre 2018 fixant les principaux fondamentaux relatifs à l'organisation de la santé publique, in J.O, N° spécial 59ème année du 31 décembre 2018, telle que modifiée et complétée à ce jour.

[115] Article 76 de la loi n°18/035 du 13 décembre 2018 fixant les principaux fondamentaux relatifs à l'organisation de la santé publique, in J.O, N° spécial 59ème année du 31 décembre 2018, telle que modifiée et complétée à ce jour.

[116] Article 63 de la loi n°18/035 du 13 décembre 2018 fixant les principaux fondamentaux relatifs à l'organisation de la santé

100.-Enfin, les essais cliniques portant sur les médicaments doivent être réalisés dans le strict respect des règles des bonnes pratiques cliniques et les médicaments destinés à de telles recherches doivent être fabriqués conformément aux bonnes pratiques de fabrication. Ces principes sont loin d'être respectés en Afrique, à cause de sa précarité en matière d'accès aux médicaments de bonne qualité.

2. Problématique des essais cliniques des médicaments en Afrique

101.-Attirés par la faiblesse des coûts et des contrôles, les laboratoires pharmaceutiques testent leurs produits en Afrique, au mépris de la sécurité des patients. Face à la multiplication d'accidents, certains essais ont dû être interrompus. Ces dérives révèlent comment les industries du médicament utilisent les populations du Sud pour résoudre les problèmes sanitaires du Nord[117].

102.- En mars 2005, *« les essais cliniques du Tenofovir, un antiretroviral utilisé contre le SIDA, ont été suspendus au Nigéria, en raison de manquements éthiques graves. Menés par l'association Family Health International pour le compte du laboratoire américain Gilead Sciences, ces expériences étaient financées par le gouvernement américain et par la fondation Bill et Melinda Gates. Si elles ont été aussi interrompues au Cameroun en février 2005 et au Cambodge au mois d'août 2004, elles se poursuivaient malheureusement en Thaïlande, au Botswana, au Malawi et au Ghana »*[118].

---

publique, in J.O, N° spécial 59ème année du 31 décembre 2018, telle que modifiée et complétée à ce jour..

117 J.P. CHIPPAUX, « L'Afrique, cobaye de Big pharma », in *Le monde diplomatique*, juin 2005, p.14.

118 Idem.

En août 2001, des dérives semblables ont conduit à l'ouverture d'une action judiciaire. « *Une trentaine de familles nigériennes ont saisi un tribunal new-yorkais afin de faire condamner le laboratoire américain Pfizer pour le test du trovan, un antibiotique destiné à lutter contre la méningite. Au cours de cette étude, pratiquée en 1996 pendant une épidémie de méningite, onze enfants sur deux cents avaient trouvé la mort et plusieurs autres avaient gardé de graves séquelles cérébrales ou motrices* »[119].

103.- À vrai dire, dans les pays du sud, des firmes pharmaceutiques organisent des essais cliniques aux mépris de l'éthique et de la sécurité des patients, avec l'absence de consentement éclairé des sujets, une information sommaire, contrôle thérapeutique insuffisant, faible bénéfice pour le malade, pourtant, l'essai clinique constitue une procédure formalisée et rigoureuse, indispensable à la validation et à la commercialisation d'un nouveau médicament. Il sert donc à mesurer sa tolérance, son efficacité et son innocuité.

Au demeurant, les causes du contournement des principes éthiques sont nombreuses, entre autres, la plupart des réglementations pharmaceutiques datent de l'époque coloniale et apparaissent à ce jour obsolètes ou à tout le moins inadaptées, le coût financier des essais cliniques est moindre que dans les pays développés ; les conditions épidémiologiques caractérisées par la fréquence élevée des maladies de tout genre mais aussi la docilité des patients en quête des soins de santé de meilleure qualité que n'offrent aucunement les structures sanitaires locales.

104.- À notre avis, nous pensons avec Jean Philippe Chipeaux[120] qu'une appropriation par les Africains des essais cliniques paraît indispensable à la satisfaction des besoins spécifiques de la santé publique sur le continent. Au fait, cet enjeu est d'autant plus important que les tests

---

[119] J.P. CHIPPAUX, *op. cit.*, p.15.
[120] *Idem.*

peuvent aussi concerner la pharmacopée traditionnelle, dont l'utilisation est plus économique et mieux acceptée par la population.

Ainsi, l'expérimentation clinique pourrait démontrer l'innocuité et l'efficacité de ces remèdes à base des plantes valorisant le patrimoine national. Une industrie pharmaceutique locale pourrait sans doute en émerger.

Bien plus, des plantes africaines, réputées anti-infectieuses, anti-inflammatoires, ou diurétiques pourraient être employées contre les infections, rhumatismes, hypertension, et suivre les exemples palpables de la quinine extraite du quinquina, l'aspirine provenant du saule, la réserpine isolée d'un Rauwolfia africain et les anticancéreuses issues de la pervenche de Madagascar.

Au demeurant, les médicaments expérimentés en Afrique doivent correspondre aux besoins du continent. Ils devraient satisfaire plusieurs critères spécifiques déterminés par leur futur consommateur, notamment l'efficacité et l'innocuité du produit au regard de l'insuffisance de la pharmacovigilance locale.

B. Autorisation de mise sur le marché des médicaments

Il est question ici, de voir le principe posé en la matière (1), les conditions de forme (2) et de fond (3) ainsi que l'exception au principe de l'autorisation de mise sur le marché (4).

1. Énoncé du Principe

105.- Aucun médicament ou produit pharmaceutique, importé ou fabriqué localement « *ne peut être commercialisé, ni distribué, ni utilisé, ni consommé en République démocratique du Congo s'il n'a pas été préalablement homologué et n'a pas bénéficié d'une autorisation de mise sur le marché (AMM) délivrée par la*

Direction de la Pharmacie et du Médicament du ministère de la Santé publique »[121].

L'homologation est un processus qui conduit à l'octroi, au renouvellement, à l'extension, ou à la modification par une Autorité Nationale de réglementation Pharmaceutique (ANRP) de l'Autorisation de Mise sur le Marché (AMM) d'un médicament ou d'un produit pharmaceutique. Ce processus comprend notamment la soumission des dossiers de demande d'homologation, l'étude des dossiers, y compris le contrôle au laboratoire et l'inspection en Bonnes Pratiques de Fabrication (BPF) ainsi que la décision de l'autorité compétente sur avis de la commission d'homologation[122].

106.- La commission d'homologation des produits pharmaceutiques a pour rôle l'étude des dossiers de demandes d'autorisation de mise sur le marché des produits pharmaceutiques soumis à la Direction de la Pharmacie et du Médicament[123]. Elle relève de l'autorité du Directeur de la Direction de la Pharmacie et du Médicament[124] à qui elle rend compte[125].

---

[121] Article 3 de l'arrêté ministériel n°1250/CAB/MIN/SP/011/CPH/OBF/2015 du 28 septembre 2015 modifiant et complétant l'arrêté ministériel n°1250/CAB/MIN/S/AJ/MS/013/2001 portant dispositions relatives à l'enregistrement et à l'autorisation de mise sur le marché des produits pharmaceutiques, in *J.O.RD Congo*, 56ème année, première partie – numéro 20, du 15/10/2015, col. 136.

[122] Article 1 de l'arrêté ministériel n° 1250/CAB/MIN/SP/008/CPH/OBF/2015 du 28 septembre 2015 portant règlementation du commerce des produits pharmaceutiques en République Démocratique du Congo, in *J.O.RD. Congo*, 56ème année, première partie – numéro 20 du 15 octobre 2015, col.80.

[123] Cette direction est élevée à ce jour au rang d'un établissement public dénommé : Autorité Congolaise de Réglementation Pharmaceutique, « ACOREP » en sigle, par le Décret n°20/002 du 5 mars 2020.

[124] www.sante.gouv.ci/userfiles/file/politiquenationaledepromotiondelamt.pdf

[125] Article 3 de l'arrêté ministériel n° 1250/CAB/MIN/SP/007/CPH/OBF/2015 du 28 septembre 2015 portant création de la commission d'homologation des produits pharmaceutiques et autres produits de santé, in *J.O. RD Congo*, 56ème année, première partie- numéro 20, du 15 octobre, col. 76.

Ladite commission est composée de 40 membres au total :

- 30 agents de la Direction de la pharmacie et du médicament, évaluateurs formés en évaluation de dossiers techniques ;
- 10 experts externes désignés en fonction de leurs compétences respectives dans divers domaines du médicament et autres produits de santé et en raison de leurs fonctions ou mieux de leurs appartenances professionnelles.

Les dossiers techniques nécessitant une expertise particulière sont soumis aux experts externes pour traitement et rapport y afférant, les membres de la commission d'homologation sont nommés par arrêté du ministre de la santé publique pour une durée de trois ans renouvelables.

La commission fonctionne sur base d'un budget mis à la disposition de la Direction de la Pharmacie et du Médicament par le trésor public.

Voyons maintenant la manière dont ladite commission traite les demandes de l'autorisation de mise sur le marché.

2. Conditions de forme

107. Il est question ici d'étayer la procédure de l'obtention et de la perte de l'autorisation de mise sur le marché. À cet effet ; sont abordés la demande (a), le traitement de ladite demande (b), l'octroi (c), le renouvellement (d) et la suspension, le retrait, l'annulation ainsi que la caducité de l'autorisation de mise sur le marché (e).

a. Demande de l'autorisation de mise sur le marché d'un médicament

Le site de fabrication du produit pharmaceutique pour lequel on sollicite l'autorisation de mise sur le marché doit avoir fait l'objet d'inspection en bonnes pratiques de fabrication et être agréé par l'Autorité de réglementation avant la soumission de toute demande d'AMM.

Cependant, une dérogation peut être accordée pour les produits pharmaceutiques provenant des sites de fabrication situés dans les pays à forte réglementation pharmaceutique (autorités référentes sélectionnées par l'autorité de réglementation) et détenant des certificats de conformité en Bonnes Pratiques de Fabrication valides délivrés par les autorités compétentes[126].

La demande de l'autorisation de mise sur le marché doit être écrite, accompagnée d'un formulaire ad hoc dûment rempli et signé par un pharmacien autorisé à exercer en RDC, d'un dossier technique dans lequel le prix grossiste hors taxe doit être indiqué, ainsi que les échantillons modèles de vente du produit à homologuer.

En outre, le dossier de demande d'AMM d'un médicament, doit être présenté sous format CTD qui signifie (Document Technique Commun) et ce, en dur et en électronique. Chaque demande d'AMM est enregistrée avec un numéro d'ordre de réception qui lui est propre.[127]

Il convient maintenant de voir comment ladite demande est traitée.

b. Traitement de la demande de l'autorisation de mise sur le marché d'un médicament

108.-Le dossier de demande de l'autorisation de mise sur le marché[128] subit un traitement administratif par le service

[126] Article 5 de l'arrêté ministériel n°1250/CAB/MIN/SP/011/CPH/OBF/2015 du 28 septembre 2015 modifiant et complétant l'arrêté ministériel n°1250/CAB/MIN/S/AJ/MS/013/2001, précité.

[127] Article 7 de l'arrêté ministériel n°1250/CAB/MIN/SP/011/CPH/OBF/2015 du 28 septembre 2015 modifiant et complétant l'arrêté ministériel n°1250/CAB/MIN/S/AJ/MS/013/2001, précité.

[128] M. BAUMEVIELLE., et C. MAURAIN, « *Industrie du médicament, Autorisation de Mise sur le Marché, Dérogations : autorisations*

en charge de l'homologation de l'autorité congolaise de réglementation pharmaceutique (ACOREP) à l'aide d'une fiche ad hoc.

S'il est jugé recevable, un accusé de réception ou une attestation de dépôt du dossier complet est livré au requérant. Tous les dossiers de demande d'AMM jugés recevables sont évalués par les experts de l'ACOREP et ceux de l'extérieur, tous désignés par le ministre de la Santé publique sur proposition du Directeur Général de l'ACOREP[129].

Après évaluation desdits dossiers, un rapport est rédigé par les évaluateurs qui le défendent devant les membres de la commission d'homologation, désignés par le ministre de la santé publique, lors d'une cession. Toutefois, des experts externes peuvent aussi participer à une session donnée qui requiert leurs connaissances expertales[130].

La durée de traitement des dossiers de demande d'A.M.M à la commission d'homologation varie entre 90 et 180 jours.

Tous les frais d'analyse du produit au laboratoire, d'observation et de suivi clinique ou tout autre examen estimé nécessaire par la commission d'homologation sont à charge du demandeur de l'autorisation de mise sur le marché, dit l'article 17 de l'arrêté ministériel n° 1250/CAB/MIN/SP/011/CPH/OBF/2 015 du 28 septembre 2015 modifiant et complétant l'arrêté ministériel n° 1250/CAB/MIN/S/AJ/MS/013/2001, portant

---

spécifiques et recommandations d'utilisation » in Juris CI. Droit pharmaceutique, Fasc. 33-01, 2015.

129 Article 14 de l'arrêté ministériel n°1250/CAB/MIN/SP/011/CPH/OBF/2015 du 28 septembre 2015 modifiant et complétant l'arrêté ministériel n°1250/CAB/MIN/S/AJ/MS/013/2001, précité, www.sante.gouv.ci/userfiles/file/politiquenationaledepromotiondelamt.pdf

130 Article 15 de l'arrêté ministériel n°1250/CAB/MIN/SP/011/CPH/OBF/2015 du 28 septembre 2015 modifiant et complétant l'arrêté ministériel n°1250/CAB/MIN/S/AJ/MS/013/2001, précité.

dispositions relatives à l'enregistrement et à l'autorisation de mise sur le marché des produits pharmaceutiques.

Quid de l'octroi de l'autorisation de mise sur le marché ?

c. Octroi de l'autorisation de mise sur le marché

109.- L'autorisation de mise sur le marché des produits pharmaceutiques est non seulement signée mais aussi exclusivement délivrée par le Directeur Général de l'ACOREP, après avis favorable de la commission d'homologation et réception des preuves de payement de la taxe de l'autorisation de mise sur le marché.

Elle est accordée par forme pharmaceutique, par conditionnement et par dosage et sa validité est de 5 ans renouvelables, pour permettre à l'ACOREP de réévaluer le nouveau dossier[131].

L'autorisation de mise sur le marché du produit pharmaceutique est accordée au pharmacien pour le compte d'un fabricant, d'un distributeur ou d'un exploitant.

S'agissant, des firmes pharmaceutiques et sociétés se trouvant à l'extérieur de la RDC, le droit à l'autorisation de mise sur le marché est conditionné par l'existence effective d'une représentation locale.

d. Renouvellement de l'autorisation de mise sur le marché

110.- L'AMM peut être renouvelée sous réserve des certaines conditions :

Primo : il faut que la demande du renouvellement soit introduite auprès de l'autorité compétente trois mois avant la déchéance de l'ancienne AMM ;

Secundo : la demande écrite de renouvellement de l'AMM doit s'accompagner d'un formulaire ad hoc dûment rempli et signé par un pharmacien autorisé à exercer en

---

[131] Article 20, de l'arrêté ministériel n°1250/CAB/MIN/SP/011/CPH/OBF/2015 du 28 septembre 2015 modifiant et complétant l'arrêté ministériel n°1250/CAB/MIN/S/AJ/MS/013/2001, précité.

RDC, d'un dossier technique avec les éléments nouveaux approuvés par l'ACOREP ainsi que des échantillons modèles de vente, adressée à l'autorité compétente ;

Tertio, enfin : le renouvellement de l'AMM ne porte que sur les éléments ayant prévalu à l'obtention de l'ancienne AMM et le cas échéant, sur les éléments post AMM déposés et approuvés.

e. Suspension, retrait, annulation et caducité de l'autorisation de mise sur le marché d'un médicament.

111.- S'agissant de la suspension et du retrait, l'ACOREP peut suspendre ou retirer une autorisation de mise sur le marché dans plusieurs cas : « *lorsque le rapport est émis par le service de la pharmacovigilance, sur la toxicité avérée du produit ou la non-efficacité du produit ; la composition quantitative ou qualitative n'est plus conforme à celle autorisée dans l'AMM ou le fabriquant ne respecte pas les conditions avancées dans le dossier de l'AMM ; enfin lorsque le produit est retiré du marché par les autorités référentes (à forte réglementation pharmaceutique) pour une raison autre que commerciale* »[132].

Quant à l'annulation, elle doit intervenir, dans un délai d'un mois si elle est demandée par le titulaire de l'AMM lui-même, et le médicament dont l'AMM est annulé doit être retiré du marché dans un délai de six mois si sa consommation ne présente pas de danger pour la santé publique.

Par contre, si le titulaire de l'AMM n'assure plus depuis 24 mois l'approvisionnement du marché, il doit motiver et aviser l'ACOREP qui statue souverainement sur le maintien ou non de l'AMM.

---

[132] Article 28 de l'arrêté ministériel n°1250/CAB/MIN/SP/011/CPH/OBF/2015 du 28 septembre 2015 modifiant et complétant l'arrêté ministériel n°1250/CAB/MIN/S/AJ/MS/013/2001, précité.

S'agissant enfin de la caducité, l'AMM devient caduc après son annulation, son retrait ou l'échéance de sa validité[133].

Il faut également noter qu'en aucun cas, le départ ou la démission, du pharmacien responsable n'entraînent la caducité de l'AMM. Qu'en est-il des conditions de fond ?

3. Conditions de fond

112.-L'autorisation de mise sur le marché ne peut être accordée que lorsque :

- Le rapport-bénéfices/risques du produit est satisfaisant ;
- L'effet thérapeutique du médicament est suffisamment démontré ;
- Le médicament a exactement la composition qualitative et quantitative déclarées ;
- Les informations et les documents accompagnant la demande sont conformes à la réglementation en la matière.[134]

Cependant, le principe de l'autorisation de mise sur le marché connaît une dérogation, qu'il nous paraît indiqué d'analyser dans le point suivant.

4. Exception au principe de l'Autorisation de Mise sur le Marché : cas de l'Autorisation Temporaire d'Utilisation (ATU)

113.- L'Autorisation Temporaire d'Utilisation (ATU) est une autorisation spéciale permettant de déroger au principe général selon lequel, aucun médicament ne peut être mis sur le marché sans qu'une AMM n'ait été préalablement délivrée.

---

[133] Article 32 de l'arrêté ministériel n°1250/CAB/MIN/SP/011/CPH/OBF/2015 du 28 septembre 2015 modifiant et complétant l'arrêté ministériel n°1250/CAB/MIN/S/AJ/MS/013/2001, précité.

[134] Article 27 de l'arrêté ministériel n°1250/CAB/MIN/SP/011/CPH/OBF/2015 du 28 septembre 2015 modifiant et complétant l'arrêté ministériel n°1250/CAB/MIN/S/AJ/MS/013/2001, précité.

L'ATU est la seule voie permettant l'accès des patients à des médicaments non encore couverts par une AMM[135]. Cette exception à l'obtention d'une AMM est justifiée par la volonté d'accélérer la mise à disposition des médicaments face à certaines situations pathologiques de patients : dans des cas de pathologies graves, rares où il n'existe pas de médicament adapté sur le marché, alors que des médicaments sont en cours de développement ou autorisés à l'étranger. Cette procédure permet donc aux patients d'accéder de manière précoce à de nouveaux traitements.

En droit congolais, exceptionnellement, l'ACOREP peut octroyer une Autorisation Temporaire d'Utilisation (ATU) à un médicament avant sa commercialisation pour une durée d'un an renouvelable dans les cas ci-après [136] :

« - Médicaments destinés à traiter les maladies graves ou rares en l'absence d'un autre traitement reconnu et sont prescrits par des spécialistes ; médicaments faisant l'objet des essais cliniques ; médicaments à utiliser en cas d'urgences. »[137]

Voyons à présent, les préalables relatifs à la protection des droits du fabricant des médicaments dans le paragraphe suivant.

§2. Préalables relatifs à la protection des droits du fabricant des médicaments

Sont ici abordés, le brevet pharmaceutique (A), d'une part et la marque pharmaceutique (B), d'autre part.

---

[135] M. BAUMEVIELLE et C. MAURAIN, *« Industrie du médicament, Autorisation de mise sur le marché, Dérogations : autorisations d'utilisations spécifiques et recommandations d'utilisation »*, in Juris-Cl. Droit pharmaceutique, Fasc.33-01,2015.

[136] Article 21 de l'arrêté ministériel n°1250/CAB/MIN/SP/011/CPH/OBF/2015 du 28 septembre 2015 modifiant et complétant l'arrêté ministériel n°1250/CAB/MIN/S/AJ/MS/013/2001, précité.

[137] *Idem.*

A. Brevet pharmaceutique

114.- Sont examinés successivement la notion de brevet pharmaceutique[138] (1), les conditions y relatives (2), les droits et obligations y attachés (3) et enfin, l'extinction des droits attachés audit brevet (4).

1. Notions de brevet pharmaceutique

Il convient de définir d'abord le brevet pharmaceutique (a), puis voir la controverse doctrinale autour de son utilité (b) et enfin les solutions proposées (c).

a. Définition du brevet pharmaceutique

115.- L'expression « brevet pharmaceutique » met en évidence deux concepts, d'une part, le concept « brevet » et d'autre part, le concept « pharmaceutique qui renvoie au produit pharmaceutique ou médicament ».

Il convient de les étudier séparément en s'appuyant sur les bases légales en la matière avant de définir l'expression « brevet pharmaceutique ».

S'agissant du concept brevet, la loi n° 82-001 du 7 janvier 1982 régissant la propriété industrielle [139], spécialement à ses articles 4 et 5 nous donne les éléments nécessaires quant à ce.

L'article 4 dispose que : « *Sous les conditions et dans les limites fixées par la présente loi, une invention peut faire l'objet d'un titre de propriété industrielle appelé « brevet ». Celui-ci confère à son titulaire un droit exclusif d'exploitation temporaire* ».

Et l'article 5 renchérit en disposant que : « *Les brevets sont de trois sortes. Le brevet d'invention, le brevet d'importation et le brevet de perfectionnement.*

---

[138] P. BLEMONT, *Mémento de droit pharmaceutique à l'usage des pharmaciens*, Paris, Ellipses, 2010, p.24.

[139] Il s'agit de la loi n° 82-001 du 7 janvier 1982 régissant la propriété industrielle, in *J.O.Z,* n°2, 15 juin 1982, p.9.

Le brevet d'invention couvre à titre principal, une invention qui, à la date de dépôt ou de la priorité de la demande y relative, n'a pas encore été brevetée.

Le brevet d'importation couvre une invention pour laquelle, à la date de dépôt ou de priorité de la demande y relative, son titulaire a déjà obtenu un brevet d'invention dans un pays étranger.

Le brevet de perfectionnement est celui qui porte sur toute amélioration d'une invention déjà brevetée »[140].

116.- Au regard de ces deux dispositions légales, nous pouvons dire que, le brevet est un titre de propriété industrielle qui confère à l'auteur d'une invention, le droit exclusif d'exploitation temporaire.

Quant au concept « pharmaceutique », renvoie au médicament tel que définit *supra.* [141] Le brevet pharmaceutique peut être donc entendu comme étant, un titre de propriété industrielle qui confère à l'auteur d'une invention de médicament, le droit exclusif d'exploitation temporaire.

À l'heure actuelle, l'octroi des droits exclusifs au bénéfice de l'inventeur des produits pharmaceutiques constitue un instrument de politique économique, lequel sert à stimuler l'activité inventive, l'application de nouvelles techniques et le lancement de nouveaux produits pharmaceutiques. De la sorte, ces activités sont stimulées par l'offre d'une protection contre une certaine concurrence, et ce, pour éviter que les tiers ne s'approprient les avantages d'une nouvelle invention avant que les frais affectés à la recherche n'aient pu être amortis ; cela permet au déposant et aux porteurs des capitaux nécessaires de réaliser un bénéfice.

---

[140] Article 5 de loi n°82-001 du 7 janvier 1982 régissant la propriété industrielle, in *J.O.Z,* n°2, 15 juin 1982, p.9.

[141] Voy. n° 94.

117.- Il est judicieux de noter que le droit des brevets en ce qui concerne les médicaments distingue le médicament breveté ou spécialité et le médicament générique. Le médicament générique est un produit pharmaceutique qui n'est plus protégé par un brevet en vigueur et qui est commercialisé sous une Dénomination Commune Internationale (D.C.I) ou sous une dénomination spéciale appelée « générique de marque »[142]. En d'autres termes, les médicaments génériques sont des copies de médicaments princeps tombés dans le domaine public, contenant la même quantité des principes actifs et présentés sous la même forme pharmaceutique.

Ces médicaments doivent être des équivalents thérapeutiques aux produits princeps et sont de ce fait interchangeables. Le problème d'accès au brevet ne peut donc pas se poser à ce niveau, pour la simple bonne raison que le titre a déjà été délivré et les droits y afférant sont censés avoir été exploités.

Le médicament générique connaît, depuis la généralisation des droits de propriété intellectuelle dans le cadre de l'OMC, une attention soutenue[143]. Car il est au cœur des politiques de santé et de nombreux enjeux économiques et sociaux à l'échelle internationale.[144]

Par contre, un médicament breveté ou une spécialité est un médicament qui n'est pas encore tombé dans le domaine public par l'expiration du brevet. Elle bénéficie encore de la protection offerte par le système de propriété intellectuelle, et qui est recherchée par l'inventeur de médicament[145].

---

[142] P. JUVET GNINTEDEM, *L'obtention des brevets pharmaceutiques en Afrique. Le cas de pays de l'organisation africaine de propriété industrielle*, Paris, Harmattan, 2013, p.45.

[143] Idem, p.46.

[144] A. MENDOZA CAMINADE, *Médicament et droit, Droit français et européen*, Bruxelles, Lancier, 2017, pp.100-153.

[145] *Idem*.

Le brevet pharmaceutique ainsi défini se heurte à une controverse relative à son utilité dans un domaine si capital de la santé publique.

b. Controverse sur la protection des médicaments par le brevet

La brevetabilité des médicaments est en présence de deux antagonistes, d'une part, ceux qui sont contre celle-ci (1), et ceux qui sont pour (2), d'autre part.

1° Arguments contre la brevetabilité du médicament

Deux arguments sont avancés contre la brevetabilité du médicament, d'une part, le souci de protéger l'intérêt de la santé publique et d'autre part, le cas particulier des médicaments traditionnels.

118.- L'intérêt de la santé publique. Dans un domaine aussi sensible que celui de la santé, il est tout à fait légitime que les considérations d'intérêt général prévalent[146].

En ce sens, on a pu penser qu'il fallait éviter de légitimer des monopoles pour les produits de première nécessité et que délivrer des brevets pourrait avoir des effets défavorables sur l'approvisionnement ou les prix des produits. En effet, même si les droits de propriété intellectuelle n'interviennent pas seuls dans la détermination du prix du médicament, leur incidence reste considérable. Ne pas breveter le médicament permettrait alors une plus grande facilité d'accès aux médicaments[147].

Bien plus, la délivrance d'un brevet constitue aux yeux de la population une sorte de garantie ou de recommandation alors même que le médicament serait en réalité inefficace ou dangereux[148].

---

146 P. JUVET GNINTEDEM, *op. cit.* p.48.
147 *Idem.*
148 *Ibidem*, p.49.

Ce premier argument n'échappe aucunement aux critiques, qu'il convient de mentionner.

119.- Critiques contre l'argument tiré de l'intérêt de la santé publique. Plusieurs auteurs[149] critiquent la non-pertinence de l'argument tiré de l'intérêt de la santé publique, pour justifier la non-brevetabilité du médicament.

Au fait, l'opposition d'intérêts entre la collectivité et le monopole de l'inventeur que souligne cet argument suscité, n'est qu'apparente. En réalité, l'intérêt des deux parties est le même. D'une part, le brevet stimule la recherche inventive par la récompense qu'il apporte à celui qui a inventé. D'autre part, le développement de la recherche inventive s'avère être un des facteurs essentiels de la richesse d'une nation et tout moyen qui le favorise profite donc à la collectivité.

Il est certes vrai que, le brevet peut effectivement être, dans certains cas, un obstacle à la mise à la disposition du public d'un nouveau médicament dans des conditions de quantité et de qualité suffisantes et à des prix raisonnables. Mais ce problème peut être résolu facilement en soumettant les médicaments à un régime spécial au terme duquel, dans certaines conditions prévues dans la loi et notamment en cas d'insuffisance de production par le brevet, on devrait concéder des licences d'exploitations à tout tiers présentant des garanties suffisantes[150].

---

[149] A. KABINDA NGOY, *Brevets pharmaceutiques et accès aux médicaments dans les pays francophones d'Afrique Subsaharienne*, Thèse de doctorat, Université catholique de Louvain, Faculté de Droit, Année académique 2007-2008, p.94, disponible sur http://droitcongolais.info/ouvrages-viii-sante-social--html.

[150] Article 64 de la loi n° 82-001 du 7 janvier 1982 régissant la propriété industrielle dispose que : « Aux termes de la présente loi, les licences d'exploitations sont de trois sortes. Licences volontaires, licences non volontaires et licences d'offre ». Les articles 65 et suivants organisent les trois types de licences d'exploitation.

S'agissant de la crainte liée à la délivrance du brevet du fait qu'il constituerait aux yeux de la population une sorte de garantie ou de recommandation, alors même que le médicament serait en réalité inefficace ou dangereux, à notre avis, une telle raison paraît aussi non pertinente.

Il est aussi vrai qu'en principe, l'octroi des brevets ou des certificats d'encouragement se fait sans examen préalable sur le fond, aux risques et périls du demandeur et sans garantie quant à la réalité, à la nouveauté ou aux mérites, selon le cas, et quant à l'exactitude de la description, sans préjudice des droits des tiers, dit l'article 31 de la loi n° 82-001 du 7 janvier 1982 régissant la propriété industrielle.

En matière de l'octroi d'un brevet ou d'un certificat d'encouragement ayant trait aux domaines alimentaires et pharmaceutiques, le brevet ou le certificat est soumis à un examen préalable sur le fond, et ce, en vertu de l'alinéa 2 du même article suscité. Il revient, aux organismes de santé publique ou mieux à l'autorité de régulation de procéder au contrôle de l'efficacité et de l'innocuité des médicaments avant d'autoriser leur mise sur le marché, à travers la délivrance d'une autorisation de mise sur le marché du médicament.

120.- Le cas particulier des médicaments traditionnels. Les médicaments traditionnels sont fondés sur le savoir endogène des communautés locales. Cet aspect communautaire en lui-même est un argument majeur généralement évoqué à l'encontre de la brevetabilité des médicaments traditionnels.

S'agissant, d'une connaissance censée être issue de la société tout entière, elle ne saurait faire l'objet d'une appropriation par un individu seul au détriment de tous.

Certes, il faut relever que même dans les sociétés traditionnelles, les savoirs médicaux peuvent être et sont souvent développés par des individus sans qu'il soit nécessaire d'établir un rapport direct avec la communauté à laquelle l'innovation appartient. Parfois aussi, le savoir est détenu par un petit groupe élitiste de tradipraticiens qui s'échangent des informations dans une aire géographique plus au moins grande, ou encore mis à la portée de l'ensemble de la communauté[151].

En règle générale, la détention d'un savoir médical traditionnel par un individu n'implique pas nécessairement que la communauté traditionnelle à laquelle il appartient perçoit ledit savoir comme faisant partie de son patrimoine propre.

La troisième condition de fond de la brevetabilité repose sur le principe de l'application industrielle, susceptible de procurer un résultat tangible, un objet fabriqué. Dans le domaine des médicaments, la frontière entre la propriété individuelle et les droits communautaires n'est pas aussi aisée à établir dans un tel contexte.

Bien plus, les caractéristiques du médicament traditionnel font qu'il est difficile de leur appliquer les critères traditionnels de brevetabilité, notamment le critère de nouveauté, comme on aura l'occasion de le voir plus loin dans nos développements.

Toutes ces raisons peuvent justifier, entre autres, le faible taux de demandes nationales de brevets de médicaments dans la plupart des pays en développement où les médicaments traditionnels font partie de la culture des populations [152] . Il convient d'indiquer que d'autres arguments soutiennent la brevetabilité des médicaments.

---

[151] *Idem.*

[152] B. REMICHE, *Le rôle du système des brevets dans le développement : le cas des pays andins*, Coll. Du CEIPI, n°29, Litec, 1982, pp.118-119.

2° Arguments en faveur de la brevetabilité du médicament

Plusieurs arguments tirés de diverses théories militent en faveur de la brevetabilité des médicaments qu'il convient d'ores et déjà d'en résumer en quatre théories, notamment la théorie du droit naturel ou théorie de la propriété, théorie de la rémunération ou de la récompense, théorie de l'encouragement et la théorie du contrat.

121.- Théorie du droit naturel ou théorie de la propriété. D'après les tenants de cette théorie, l'inventeur du médicament doit avoir sur sa découverte un véritable droit de propriété dans le sens juridique de l'expression[153]. Car, le fondement de toute propriété, c'est le travail.

Les partisans de l'idée de propriété étaient divisés sur l'étendue qu'il fallait accorder à l'exercice de ce droit de propriété. Pour les plus rigoureux, il s'agissait de la pleine propriété, y compris son caractère perpétuel. En revanche, pour les autres, il fallait concilier les principes et n'attribuer à cette propriété qu'une durée temporaire[154].

La deuxième théorie est celle relative à la rémunération ou mieux à la récompense que doit bénéficier l'inventeur sur sa découverte.

122.- Théorie de la rémunération ou de la récompense. Cette théorie est le corollaire de la première. En effet, elle est fondée sur le droit naturel, en lui ajoutant un élément économique. La recherche en matière pharmaceutique est particulièrement lourde, surtout d'une longue durée et partant onéreuse. Il serait de ce point de vue injuste de priver l'inventeur du médicament d'une protection qui lui permettrait non seulement d'amortir les coûts de la recherche, mais également d'éviter que soit,

---

[153] A. KABINDA NGOY, *op. cit.*, pp.108-109.
[154] *Idem.*, pp.108-109.

pendant un certain temps du moins, indûment exploité le fruit d'une recherche parfois incertaine.

À dire vrai, l'octroi du brevet est un devoir de justice envers l'inventeur. Car, celui qui fait une création qui procède de son esprit et de son travail, une création qui coûte du temps et des dépenses, rend un service à la communauté. Par conséquent, conformément aux droits de l'homme, il s'impose que la société respecte les prérogatives qu'il a sur son œuvre et lui assure une rémunération de ses efforts[155].

Troisième théorie est fondée sur l'encouragement de l'inventeur.

123.- Théorie de l'encouragement. La théorie de l'encouragement met en exergue l'intérêt de la société et considère que la protection accordée par le brevet est un moyen d'encourager les progrès techniques et économiques. Suivant cette théorie, l'auteur n'a qu'un droit exclusif sur le médicament, quant à son exploitation, il ne peut jouir que d'un privilège purement gratuit et concédé, dont il est loisible au législateur et au gouvernement de le favoriser. Ces privilèges sont accordés soit à titre de récompense, en vue des services que l'inventeur rend à la société, soit à titre d'encouragement en vue de favoriser les progrès de l'industrie[156].

L'octroi du brevet constitue ainsi pour l'inventeur du médicament un stimulant qui provoque un souci constant de recherche[157].

La quatrième théorie fait allusion au contrat entre l'inventeur et la société.

---

[155] P. MATHELY, *Le droit français des brevets d'invention*, Paris, éd. du Journal des notaires et des avocats, 1974, p.8.

[156] P. DEVANT et ali, *Les brevets d'invention*, Paris, Dalloz, 1971, p.1.

[157] MULUMBA KATCHY, *Droit de la propriété industrielle*, Kinshasa, CREJA, 2013, p.11.

124.- Théorie du contrat. Le brevet est considéré par cette théorie comme un contrat bilatéral, une espèce d'échange dans lequel l'inventeur abandonne son invention au domaine public après un certain temps et la société de son côté lui accorde, dans ce laps de temps, le droit privatif d'exploiter son invention et d'en tirer tous les avantages qui pourront en résulter[158]. L'inventeur ne peut exploiter sa découverte sans la société ; la société ne peut en jouir sans la volonté de l'inventeur ; la loi intervient donc pour garantir à l'un la jouissance exclusive, temporaire et à l'autre, une jouissance différée, mais perpétuelle.

Ainsi présentée, la controverse sur la protection des médicaments par le brevet n'a pas manqué des réponses sur le plan national.

c. Solutions apportées par le droit congolais de brevet[159]

125.- Un peu d'histoire. Après avoir vécu près d'un siècle avec le décret du Roi souverain des Belges de 1886, le législateur congolais est le premier en Afrique des Grands Lacs à avoir pensé à restructurer son droit des brevets. Le réquisitoire lancé contre l'ancien système des brevets était sévère : une législation « très laconique et sommaire dans son ensemble », « sclérosée » et « non adaptée à l'évolution technologique et économique contemporaine ». Il fallait redonner un esprit neuf à la propriété intellectuelle, vue comme « *un facteur important du développement technologique, seul garant d'un véritable progrès économique et social d'une nation* »[160].

---

[158] A. KABINDA NGOY, *op. cit.*, p.111.

[159] F. ILUNGA LUBUMBASHI, *La protection des inventions brevetées en droit congolais : contribution à la mise en place des mécanismes efficaces*, Thèse de doctorat en droit, UNIKIN, 2022, 342 p.

[160] A. KABINDA NGOY, *op. cit.*, p.50.

La loi n° 82-001 du 7 janvier 1982 régissant la propriété industrielle [161], vise à récompenser les inventions qui aboutissent à des résultats susceptibles d'être exploités comme objet d'industrie et de commerce. Parmi les innovations apportées par rapport à l'ancienne loi, elle a instauré un certificat d'encouragement destiné à encourager des découvertes utiles au pays[162].

Dans cette loi, les conditions de brevetabilité y sont clairement exposées, alors qu'elles étaient absentes dans l'ancien texte. Le dépôt d'une demande de brevet ou d'un certificat d'encouragement ainsi que les conditions de leur octroi sont clairement spécifiées[163]. Les droits et obligations attachés aux brevets et aux certificats d'encouragement font l'objet des larges dispositions, alors qu'ils n'étaient que sommairement exposés dans l'ancien texte. La nouvelle loi introduit et explicite les licences d'exploitations, y compris la licence obligatoire en vue de limiter le monopole du brevet sur le produit. L'action en contrefaçon est clairement organisée.

S'agissant des médicaments, le législateur a réduit sensiblement le champ de brevet, c'est-à-dire l'objet brevetable en disposant à l'article 11 de la loi qu'*« une invention portant sur un médicament ne peut être brevetée que si elle a pour objet un produit, une substance ou une composition, présenté pour la première fois comme constituant un médicament »*. Les applications ultérieures ne sont donc pas admises à la brevetabilité.

Il en est de même en ce qui concerne la durée du monopole de brevet d'invention portant sur les

---

[161] J.O.Z, n°2, 15 janvier 1982, p.9.

[162] Article 2 de la loi du 7 janvier 1982 sur la propriété industrielle.

[163] Le législateur congolais organise dans l'ordonnance n° 89-173 du 7 août 1989 portant mesures d'exécution de la loi n°82-001 du 7 janvier 1982 régissant la propriété industrielle, les détails relatifs aux procédures prévues dans la loi sur la propriété industrielle, in *J.O.Z*, n°16, 1989, p.45.

médicaments qui est fixée à 15 ans alors que les autres brevets d'invention ont une durée 20 ans, à compter du dépôt de la demande[164].

En effet, on peut remarquer le souci du législateur congolais d'éviter l'extension du champ des brevets pharmaceutiques. Au fait, si le législateur allonge la liste des objets qui sont susceptibles d'être brevetés, il ouvre la voie à une extension du champ des monopoles possibles, et donc les détenteurs des monopoles auront plus de possibilités à augmenter le prix.

2. Conditions de brevetabilité des médicaments

Pour pouvoir effectivement bénéficier de la protection offerte par le droit des brevets, l'invention pharmaceutique doit respecter des conditions de fond, et des conditions de forme.

126.- Conditions de fond de la brevetabilité. Aux termes de l'article 6 de la loi du 7 janvier 1982 : *« est brevetable, toute invention nouvelle qui, résultant d'une activité inventive, est susceptible d'être exploitée comme objet d'industrie ou de commerce ».*

Cet article définit ainsi les conditions traditionnellement exigées pour breveter une invention, notamment la nouveauté, l'activité inventive et l'application industrielle. Il faut aussi ajouter le caractère licite que doit revêtir toute invention brevetable, conformément aux dispositions de l'article 12-4 de la loi suscitée.

127.-La nouveauté. L'objet du brevet est d'accorder un monopole d'exploitation à l'inventeur en échange de l'apport de son invention à la société. Pour que cet apport présente un intérêt, il faut que l'invention soit nouvelle.

En effet, selon l'article 7 de la loi du 7 janvier 1982, « *une invention est considérée comme nouvelle, si elle n'est pas comprise dans l'état de la technique.*

[164] Article 36 de la loi du 7 janvier 1982 sur la propriété industrielle.

L'état de la technique comprend, tout ce qui avant la date de dépôt ou de priorité de la demande de brevet est accessible au public, soit par une description écrite ou orale, soit par un usage ou tout autre moyen ».[165]

La nouveauté doit être absolue dans le temps et dans l'espace. Il suffit que l'on trouve dans le temps ou dans l'espace une antériorité pouvant permettre à un homme d'art moyen de réaliser l'invention pour que le brevet soit nul. L'antériorité destructrice de nouveauté peut provenir de tout pays ou de toute époque, aussi éloignés soient – ils ; peu importe que cette antériorité ait été exploitée ou non, il suffit qu'elle soit accessible au public[166].

L'accessibilité au public doit être entendue au sens large. Il s'entend de la mise à la portée du public non seulement du produit, mais aussi des moyens d'exécuter l'invention et de réaliser le produit. Par « public », il faut entendre toute personne non tenue par une obligation de secret ou de confidentialité[167], une information fait partie de l'état de la technique dès qu'elle est divulguée de manière suffisamment complète pour pouvoir être reproduite par un homme du métier.

Il nous paraît honnête de faire observer que l'exigence de nouveauté [168] apparaît dans son contenu comme un sérieux obstacle à la brevetabilité des médicaments traditionnels[169]. Car, il a déjà été relevé que ces produits

---

[165] In J.O.Z, n°2, 15 juin 1982.

[166] MULUMBA KATCHY, *op. cit,* p.19.

[167] P.J. LOWE GNINTEDEM, *op. cit.,* p.89.

[168] Lire BERTHET E., *Les obstacles juridiques à l'essor des génériques*, Paris, Éd. de santé, 1998.

[169] W. ABDELGAWAD, « La bio piraterie et le commerce des produits pharmaceutiques face aux droits des populations locales sur leurs savoirs traditionnels » in MOINE-DUPUIS I. (Dir), *Le médicament et la personne*, Paris, Litec, 2007, p.323.

résultent de connaissances ou de matériaux élaborés et diffusés au sein de communautés locales ou indigènes[170].

Or précisément, il s'agit de connaissances ancestrales transmises oralement ou plus rarement par écrit depuis de nombreuses générations. De plus, ces médicaments dérivent bien souvent de produits existant dans la nature et des utilisations des produits existants. Il en résulte qu'on les assimile facilement à de simples découvertes dénuées de toute nouveauté.

Le critère de nouveauté, tel que défini par l'article 7 de la loi du 7 janvier 1982, rend hypothétique la protection par brevet des produits traditionnels. Il serait donc judicieux, d'aménager des mécanismes de protection qui tiennent compte des particularités du médicament traditionnel.

Dans tous les cas, quand bien même la condition de nouveauté serait respectée, il faudra vérifier que l'invention résulte d'une activité inventive.

128.-L'activité inventive. Une invention est considérée comme résultant d'une activité inventive si, au dire d'expert, elle ne découle pas de manière évidente de l'état de la technique, soit dans le moyen d'application, de la combinaison des moyens ou le produit qui en fait l'objet, soit dans le résultat qu'elle procure[171].

Dans l'invention pharmaceutique[172], le médicament sera considéré comme impliquant une activité inventive, s'il permet d'obtenir un résultat qui n'avait jamais encore été atteint ; par exemple, il permet de soigner une maladie dont on ne connaissait encore aucun produit efficace. [173]

Il ne faudrait pas en outre qu'à la date de l'invention l'homme du métier moyen eût pu être conduit, par les

---

[170] P.J LOWE GNINTEDEM, *Op.cit.,* p.92.

[171] Article 9 de la loi du 7 janvier 1982 sur la propriété industrielle.

[172] M-C CHEMTOB CONCE, « La prolongation des droits issus de brevets de médicaments » in Prop. industr., 2009, focus 66.

[173] Tel est le cas du traitement de la COVID-19 aujourd'hui.

connaissances qu'il possédait et compte tenu de ses qualités moyennes ou éventuellement à fabriquer le médicament concerné.

L'activité inventive s'apprécie au jour de la demande de brevet ou de la revendication de priorité.

129.- L'application industrielle. La brevetabilité ne pose pas du tout de problème, car les médicaments sont généralement fabriqués par les industries pharmaceutiques.

Au fait, le brevet consiste essentiellement en un monopole d'exploitation, il faut, de toute nécessité, que cette invention puisse faire l'objet d'une exploitation, c'est-à-dire qu'elle soit susceptible d'être le siège d'une industrie[174]. L'article 10 de la loi du 7 janvier 1982 dispose qu' : « *une invention est susceptible d'être exploitée comme objet d'industrie ou de commerce si son objet peut être produit ou utilisé dans tout genre d'industrie.*

Le terme industrie doit être compris dans son sens le plus large. Il couvre, notamment : l'artisanat, l'agriculture, la pêche, les services ».[175]

Il ne suffit pas d'inventer les médicaments, il faut aussi lui donner une forme matérielle, mais surtout, démontrer comment il peut guérir une maladie : c'est ainsi que certaines inventions sont exclues de la protection par le brevet, notamment les principes, découvertes et conceptions théoriques ou purement scientifiques…[176]

Le but poursuivi par l'exclusion des principes, conceptions théoriques ou purement scientifiques est de « *garantir que les personnes qui les mettent en œuvre dans le cadre d'un traitement médical des êtres humains ou du*

---

[174] S.R KOUKPO, *Le droit des produits de la santé en Afrique de l'ouest : le cas du Bénin et du Sénégal*, thèse de doctorat en cotutelle, Faculté de Droit, université MONTESQUIEU-BORDEAUX IV et CHEIK ANTA DIOP de Dakar, soutenue le 7 juin 2012, p.457.

[175] Article 10 de la loi du 7 janvier 1982 sur la propriété industrielle.

[176] Article 12 de la loi du 7 janvier 1982 sur la propriété industrielle.

traitement vétérinaire des animaux, ne soient pas entravées par l'existence de brevets. Les praticiens en médecine humaine et vétérinaire doivent être libres de prendre les mesures qu'ils jugent appropriées pour diagnostiquer les maladies aux moyens de méthode d'investigation »[177].

L'invention pharmaceutique pour être brevetable doit aussi être conforme à l'ordre public et aux bonnes mœurs. Ainsi, alors même qu'elle serait susceptible d'exploitation industrielle, l'invention pharmaceutique contraire à l'ordre public et aux bonnes mœurs ne pourra être brevetée.

130.- La conformité à l'ordre public et aux bonnes mœurs. Les notions d'ordre public et des bonnes mœurs sont classiques. L'ordre public assure la paix et la sécurité des citoyens et les bonnes mœurs consistent dans le respect des règles généralement admises par la morale et la convenance.

Le recours à la notion d'ordre public ou de bonnes mœurs ne doit être tenu pour inutile au motif qu'elle évolue et se modifie avec la société, elle constitue le ciment durable d'une société. La prise en compte par le droit de brevet, des considérations d'un tel ordre être loin d'être illégitimes[178].

Ainsi, on peut trouver dans le domaine de bioéthique, des exemples de produits pharmaceutiques, qui peuvent être qualifiés de contraire à l'ordre public et aux bonnes mœurs. C'est le cas notamment des manipulations génétiques de l'ADN humain, de certaines inventions biologiques, le corps humain et ses membres sont exclus de la brevetabilité au nom du respect dû à l'ordre public et aux bonnes mœurs.

Le brevet pharmaceutique est aussi soumis aux conditions de forme qu'il convient tout aussitôt de voir.

131.- Conditions de forme. Il est question de voir ici, les formalités à accomplir pour obtenir un brevet portant sur une invention pharmaceutique.

---

177 S.R. KOUKPO, *op. cit.*, p.458.

178 *Idem*, p.460.

Ces formalités consistent pour l'essentiel dans les exigences générales à la demande, à l'avis documentaire ou examen préalable et à la délivrance du brevet.

132.- La demande du brevet. À la différence du droit d'auteur, le brevet ne naît pas du seul fait de la création de l'objet, mais de l'accomplissement de certaines formalités, notamment le dépôt de la demande du brevet[179].

Aux termes de l'article 16 de la loi du 7 janvier 1982, le dépôt de la demande doit comprendre, notamment :

« *1°. Le nom ou la raison sociale et l'adresse du titulaire, de l'auteur et le cas échéant, du mandataire ;*

2°. La description claire et complète de l'invention ou de la découverte. En ce qui concerne l'invention, la description doit être illustrée, s'il y a lieu, par des dessins qui sont nécessaires à l'intelligence et à la réalisation de ladite invention par les hommes de métier ;

3°. L'objet de l'invention ou de la découverte ;

4°. Dans le cas d'une invention, la ou les revendications définissent l'étendue de la protection demandée. Ces revendications ne peuvent dépasser le contenu de la description ;

5°. Les indications relatives aux titres délivrés à l'étranger, le cas échéant ;

6°. La classification internationale des brevets ;

7°. La justification du paiement des taxes exigibles au moment du dépôt de la demande ou de la revendication de priorité ».[180]

---

[179] Article 1 al 1 de l'Ordonnance – loi n°86-33 portant protection des droits d'auteurs et des droits voisins, (in J.O.Z, n° spécial, avril 1986, p.33) dispose que : « L'auteur d'une œuvre de l'esprit jouit sur cette œuvre, du seul fait de sa création, d'un droit, de propriété incorporelle exclusif et opposable à tous » et l'article 2 de la même ordonnance de renchérir : « L'œuvre est réputée créée, indépendamment de toute divulgation publique, du seul fait de la réalisation, même inachevée de la conception de l'auteur ».

[180] Article 16 de la loi du 7 janvier 1982 sur la propriété industrielle.

L'inventeur doit préciser le genre d'invention, l'état de la technique dans le secteur considéré, les moyens utilisés pour parvenir au résultat. En cas de demande de brevet de médicament, la description indiquera les propriétés pharmaceutiques du produit, une application thérapeutique, diététique, diagnostic du médicament décrit, mais aussi la formule du procédé pour obtenir le médicament.

Le dépôt de la demande peut être effectué par l'inventeur du médicament lui-même ou son mandataire. S'il est effectué par mandataire, celui-ci doit être porteur d'une procuration spéciale, et au préalable, être agréé par l'autorité compétente. À cet effet, il existe un conseil en propriété industrielle, lequel conseille et assiste les personnes intéressées[181].

Le dépôt s'effectue auprès du département ou ministère de l'Industrie. La date, l'heure, la minute, la seconde du dépôt sont constatées par récépissé qui permet éventuellement de résoudre les conflits d'antériorité, l'office attribue un numéro au dossier, lequel numéro sera celui du brevet[182]. Le ministère de l'Industrie dispose des délais de recevabilité pour statuer sur les demandes ainsi réceptionnées, notamment le délai de trois mois pour les demandes effectuées à partir du territoire national, c'est-à-dire au Congo, et le délai de cinq mois pour les demandes en provenance de l'étranger. Ces délais courent à compter de la réception, par le ministère, du dépôt de la demande.

Après l'examen administratif du dossier, l'autorité compétente statue sur la recevabilité ou le rejet de la demande. Dans l'hypothèse de rejet de la demande, la décision doit être motivée et notifiée au déposant.

---

[181] Articles 17 à 21 de la loi du 7 janvier 1982 sur la propriété industrielle.

[182] Articles 19 et 22 de la loi du 7 janvier 1982 sur la propriété industrielle.

133.- L'avis documentaire ou examen préalable. Aux termes de l'article 31 al 1-2 de la loi du 7 janvier 1982 : *« L'octroi des brevets ou des certificats d'encouragement se fait sans examen préalable sur le fond, aux risques et périls du demandeur et sans garantie quant à la réalité, à la nouveauté ou aux mérites, selon le cas, et quant à l'exactitude de la description, sans préjudice des droits des tiers »*, à l'exception de l'octroi d'un brevet ayant trait aux domaines alimentaires et pharmaceutiques.

L'avis documentaire, autrement appelé « examen préalable » ou « avis différé », est un document rédigé par les experts exposant l'état de la technique par rapport à l'invention revendiquée et cela, aussi bien dans l'intérêt de l'inventeur que dans celui des tiers et éventuellement du juge en cas de litige[183]. Il faut noter que les frais de l'examen préalable pour l'octroi d'un brevet pharmaceutique sont à change du requérant. L'avis documentaire étant donné, l'autorité compétente est invitée à délivrer le brevet pharmaceutique.

134.- La délivrance du brevet. Si la demande est jugée régulière au regard de la loi, l'office délivre le titre, tel que prévu à l'article 33 de la loi du 7 janvier 1982 qui dispose que : *« Après l'accomplissement des formalités prescrites, il sera délivré au titulaire, à son mandataire ou à son ayant cause, l'original du brevet ou du certificat d'encouragement auquel sera annexé, un exemplaire du mémoire descriptif de l'invention ou de la découverte et, le cas échéant, les dessins dûment numérotés se rapportant à cette description »*.

Le titre ainsi délivré comporte la description, les dessins, les revendications, le dossier relatif à la demande avec avis documentaire. Il est notifié à l'intéressé et publié au journal officiel pour des raisons d'opposabilité aux tiers qui doivent

---

[183] MULUMBA KATCHY, *op. cit.*, p.39.

en prendre connaissance et le respecter sous peine de poursuite d'action en contrefaçon.

Le brevet pharmaceutique selon les dispositions de l'article 36 de la loi du 7 janvier 1982 à une durée de validité de 15 ans, à compter de la date du dépôt de la demande.

Il donne un certain nombre de droits à son titulaire tout en lui imposant aussi des obligations.

3. Droits et obligations attachés au brevet des médicaments

Il est question ici de voir d'une part, les droits attachés au brevet pharmaceutique et d'autre part, les obligations qu'il engendre dans le chef de son titulaire.

135.- Les droits du breveté. Quatre droits fondamentaux sont reconnus au breveté : le monopole d'exploitation, la cession du brevet, la concession des licences et l'action en contrefaçon.

S'agissant du monopole d'exploitation, l'article 4 de la loi du 7 janvier 1982 précise clairement que le brevet confère à son titulaire un droit exclusif d'exploitation temporaire sur l'invention protégée.

En réalité, ce droit exclusif est considéré comme une rémunération des services rendus par l'inventeur de médicaments à la société du fait de sa contribution aux progrès techniques.

Le breveté a le droit exclusif d'exploiter son invention, c'est-à-dire le droit exclusif de procéder à la fabrication, l'offre, la mise dans le commerce, l'importation ou la détention aux fins précitées du produit objet du brevet et ce, pendant 15 ans à compter du dépôt de la demande en ce qui concerne le médicament, comme nous l'avons si bien souligné précédemment[184].

---

[184] Lire les articles 36 et 48 de la loi du 7 janvier 1982 sur la propriété industrielle.

Quant à la cession du brevet ou mieux cession de l'invention, il ressort de l'article 50 de la loi du 7 janvier 1982 que les droits du titulaire d'un brevet sont cessibles, concessibles et transmissibles entre vif ou pour cause de mort, en totalité ou en partie.

Les actes comportant cession, concession, ou transmission des droits inhérents aux brevets doivent, à peine de nullité, être constatés par écrit et être inscrits au registre des brevets.

Le breveté a aussi le droit de concéder les licences d'exploitation à qui il veut. En effet, la concession de licence est un contrat par lequel le titulaire d'un brevet cède à un tiers la jouissance de son droit d'exploitation. Elle est un véhicule idéal qui assure la mobilité du monopole d'exploitation.

S'agissant enfin de l'action en contrefaçon, le breveté a le droit de poursuivre quiconque portera atteinte aux droits attachés au brevet. Toute atteinte portée sciemment aux droits du brevet constitue un délit de contrefaçon engageant la responsabilité tant pénale que civile de l'auteur[185].

Les articles 70 et 79 de la loi du 7 janvier 1982 prévoient des exceptions aux droits exclusifs du titulaire de brevet pharmaceutique. Il s'agit des situations dans lesquelles une personne peut utiliser le médicament breveté sans avoir à en demander l'autorisation à son titulaire et sans se trouver dans l'illégalité. Le droit congolais de brevet en prévoit deux : la licence non volontaire et la licence d'office.

Une licence d'exploitation non volontaire est celle accordée par le tribunal, à la requête de toute personne intéressée pour défaut ou insuffisance d'exploitation industrielle avant l'expiration de cinq années à compter du dépôt de la demande de brevet ou de trois années à compter de la délivrance du brevet[186].

---

[185] Articles 88-95 de la loi du 7 janvier 1982 sur la propriété industrielle.

[186] Lire les articles 70 et suivants de la loi du 7 janvier 1982 la propriété industrielle.

Tandis que la licence d'office, elle est certes vraie, une licence non volontaire mais elle intervient dans tous les cas où l'exploitation paraît absente ou insuffisante, en qualité ou en quantité qui porte préjudice au développement économique du pays, en particulier, et à l'intérêt public, en général. Comme on peut le constater, la licence non volontaire est demandée par toute personne alors que la licence d'office est demandée par l'État afin de faire face soit aux situations économiques soit aux impératifs de la santé publique[187].

136.- Les obligations du breveté. En droit congolais de brevet, le breveté assume deux obligations : l'exploitation de l'invention et payement de taxe.

En effet, le titulaire d'un brevet pharmaceutique a, à peine de déchéance, l'obligation d'exploiter ou de faire exploiter industriellement au Congo, d'une manière effective, sérieuse et continue, son invention, objet du brevet[188].

En contrepartie du monopole obtenu, l'inventeur doit révéler son invention au public, l'exploiter personnellement ou par une autre personne, d'une manière effective, sérieuse et continue. Il s'agit de la mise en exploitation technique effective de l'invention et non de l'importation ou du conditionnement des médicaments brevetés, fabriqués à l'étranger dans un délai de quatre ans, à compter de la délivrance du brevet pharmaceutique, dans l'intérêt de la santé publique.

Le breveté doit aussi payer les frais et taxes afférents à la demande du brevet et son octroi et des annuités sous peine de sanction.

---

[187] Lire aussi les articles 79, 80 et suivants de la loi du 7 janvier 1982 sur la propriété industrielle.

[188] Article 54 de la loi du 7 janvier 1982 sur la propriété industrielle.

4. L'extinction des droits attachés au brevet des médicaments

137.- Le brevet pharmaceutique peut prendre fin par la renonciation du breveté ou par l'expiration de délai légal de 15 ans. À côté de ces deux modes normaux d'extinction des droits attachés au brevet pharmaceutique, on peut aussi ajouter les deux autres modes légaux qui interviennent comme sanction, il s'agit de la nullité et de la déchéance prévue aux articles 96 à 103 de la loi du 7 janvier 1982.

Au demeurant, pour les deux derniers modes, le brevet peut être annulé lorsqu'on constate qu'il ne répond pas aux conditions de brevetabilité exigées ou que la description n'expose pas l'invention d'une manière suffisante pour qu'un homme du métier puisse l'exploiter. Dans ce cas, la nullité peut être totale ou partielle.

Quant à la déchéance de droits de brevet, elle peut être prononcée pour défaut ou insuffisance d'exploitation de l'invention ou pour défaut de payement des annuités.

Dès qu'il y a extinction des droits attachés au brevet pharmaceutique par l'un des modes ci-haut développés, le produit pharmaceutique tombe dans le domaine public et donne naissance au développement des médicaments génériques.

B. Marque pharmaceutique

Il convient de voir la notion de la marque pharmaceutique (1), ses conditions de protection (2), droits et obligations y attachés (3) et sa durée de protection (4).

1. Notion de la marque pharmaceutique

Il nous paraît indiqué de définir la marque pharmaceutique avant de voir son objet.

138.- Définition de la marque pharmaceutique. Aux termes de l'article 128 de la loi du 7 janvier 1982 sur la propriété industrielle, « *une marque est tout signe distinctif* *qui permet de reconnaître ou d'identifier divers objets ou services d'une entreprise quelconque ».*

À la lumière de cette définition générale, nous pouvons définir la marque pharmaceutique comme étant tout signe distinctif qui permet de reconnaître ou d'identifier un médicament. En d'autres termes, la marque pharmaceutique est un signe sensible apposé sur un médicament d'une industrie pharmaceutique donnée afin de le distinguer des médicaments émanant d'autres entreprises concurrentes.

Elle offre aux patients consommateurs un point de repère essentiel, représente l'image de l'industrie pharmaceutique. À ce titre, la marque pharmaceutique est garante d'une certaine constance de qualité aux yeux du public[189].

En droit congolais, il y a quatre sortes de marques à savoir : les marques de fabrique, de commerce, de service et la marque nationale de garantie.[190]

S'agissant de la marque de fabrique est celle qui est apposée par le fabriquant d'un produit, en l'espèce le médicament. Alors que la marque de commerce est celle qui est apposée par celui qui commercialise le produit, spécialement le médicament dans le cas d'espèce et ce, sans en être le fabricant.

Quant à la marque de service est celle qui est apposée par celui qui fournit un service, cette dernière n'étant pas concernée dans le cadre de cette étude.

La marque nationale de garantie a pour objet de certifier, toute seule, et officiellement, la qualité des marchandises congolaises ; notamment le médicament fabriqué au Congo RD. Il reste à savoir concrètement ce qui peut être protégé par la marque pharmaceutique.

139.- Objet de la marque pharmaceutique. En matière de médicament, c'est essentiellement le nom du médicament qui fait l'objet d'une protection par la marque,

---

[189] MULUMBA KATCHY, *op. cit.*, p.60.

[190] Article 127 de la loi du 7 janvier 1982 sur la propriété industrielle.

mais il est également possible de procéder à la protection de la forme galénique du médicament et de son conditionnement.

140.- Nom du médicament. Le médicament est doté d'une dénomination qui peut faire l'objet d'une marque protégée. L'article 132 al 1 de loi du 7 janvier 1982 dispose que « *Peuvent servir de marque tous les signes matériels répondant aux proscrits de l'article 128, entre autres : un nom ou une dénomination, lettres, sigles, slogans, emblèmes, lisières, liserés, combinaisons ou dispositions de couleurs, dessins, reliefs et devises* ». À cet effet, les dénominations courantes, banales ou contraires à l'ordre public ou aux bonnes mœurs, sont exclues, dit l'article 133 de la même loi.

La marque peut être utilisée afin de prolonger la vie du médicament. Des extensions du produit ou des variations pourront ainsi être commercialisées pour capitaliser la notoriété de la marque, on assistera alors à des déclinaisons de la « marque mère » à la « marque fille » autour de nouveaux produits[191].

141.- Forme galénique et le conditionnement du médicament. Au-delà de sa dénomination, le médicament peut être protégé au travers de la forme du produit qualifiée de forme galénique ou encore de sa couleur.

En effet, la forme galénique vise l'aspect physique final du médicament sous lequel il sera présenté au patient. Elle couvre donc la forme individuelle, mais aussi le type d'absorption du médicament. Les formes d'administration des médicaments varient et peuvent être des comprimés, des gélules, des sachets, des solutions buvables, ou encore des suspensions injectables.

---

[191] A.M. CAMINADE, *Médicament et droit, Droit français et européen*, Bruxelles, Larcier, 2017, p.142.

Somme toute, la forme d'un médicament peut sous certaines conditions être protégée à titre de marque, ainsi qu'au titre des dessins et modèles industriels.

2. Conditions de protection

Pour être protégé, la dénomination ou le signe choisi doit remplir des conditions de fond et de forme.

142.- Conditions de fond. La marque à déposer doit remplir à une triple condition à savoir : la distinction, l'originalité et la nouveauté.

La marque doit être distinctive en ce qu'elle ne doit pas se confondre facilement avec d'autres marques déjà tombées dans le domaine public ; la validité est essentiellement conditionnée par ce caractère[192]. En plus d'être distinctive, la marque doit être originale. Le terme originalité s'oppose ici au terme banalité ou vulgarité. À vrai dire, c'est ce caractère d'originalité qui fait qu'une marque se distingue d'une autre dans un domaine déterminé.

La marque doit aussi revêtir le caractère de nouveauté. La nouveauté contribue à faire ressortir le caractère distinctif de la marque, sans laquelle la marque pourra se confondre à une autre, mais ce caractère de nouveauté est limité dans l'espace.[193]

143.- Conditions de forme. Pour devenir propriétaire d'une marque et bénéficier d'un monopole d'exploitation, il faut effectuer un dépôt à l'office des marques. Il sied de noter que ce dépôt n'est pas soumis à un examen préalable.[194]

Les marques sont enregistrées pour une durée de dix ans renouvelables, sur requête, prenant cours à la date du dépôt.

---

[192] Article 128 de la loi du 7 janvier 1982 sur la propriété industrielle.

[193] MULUMBA KATCHY, *op. cit,* p.64.

[194] Lire les articles 16, 18, 22, 24, 25, 26 et 112, 135 de la loi du 7 janvier 1982 sur la propriété industrielle pour le détail de la procédure.

La marque nationale de garantie est déposée à perpétuité, moyennant payement de la taxe ad hoc, le renouvellement est requis au cours de la dernière année de la période prévue.[195]

3. Droits et obligations attachés à la marque pharmaceutique

144.- Le titulaire d'une marque jouit d'un monopole d'exploitation, du droit de cession, du droit de concession de licence, du droit de transmission et du droit de poursuivre en contrefaçon.[196]

S'agissant des obligations, le titulaire d'une marque assume deux obligations, à savoir : le payement de taxe pour le renouvellement avant l'expiration du délai de cinq ans et le renouvellement écrit. Mais également l'obligation d'utiliser sa marque dans un délai de 3 ans à compter de l'enregistrement.[197]

4. Modes d'extinction des droits attachés à la marque pharmaceutique

145.-Parmi les modes d'extinction des droits attachés à la marque pharmaceutique, nous avons généralement la renonciation, l'expiration de la durée de l'enregistrement, la déchéance due pour non-paiement des taxes exigibles, l'annulation, la radiation volontaire ou judiciaire et la disparition de l'établissement qui servait de support.[198]

---

[195] Article 137 de la loi du 7 janvier 1982 sur la propriété industrielle.

[196] Lire les articles 138 et 120 de la loi du 7 janvier 1982 sur la propriété industrielle.

[197] Article 138 al 2 de la loi du 7 janvier 1982 sur la propriété industrielle.

[198] Lire les articles 149 à152 de la loi du 7 janvier 1982 sur la propriété industrielle.

Section II : La distribution et le contrôle qualité des médicaments

Dans cette section, sont respectivement consacrés la distribution (§1) et contrôle qualité des médicaments (§2).

§1. Distribution des médicaments

146.- Sont ici abordés le monopole pharmaceutique (A), les établissements de commerce en gros des médicaments (B), les établissements de commerce en détail des médicaments (C) et enfin le prix, la publicité et la pharmacovigilance des médicaments (D).

A. Monopole pharmaceutique

La portée du principe du monopole pharmaceutique doit préalablement être posée pour les raisons de lucidité, avant de voir les dérogations y afférentes et les conséquences liées à la violation dudit principe.

1. Principe

147.- Portée du principe. La pharmacie est à la fois, un domaine soumis au monopole, d'une part et une activité libérale, commerciale et industrielle, d'autre part.

L'article 9 du décret du 19 mars 1952 sur l'exercice de l'art de guérir institue un monopole d'exercice de la profession de pharmacien[199]. Selon cette disposition « *Nul ne peut gérer une pharmacie s'il ne possède le diplôme de pharmacien…* ». Le terme pharmacie désigne à la fois l'étude des médicaments, de leur composition, de leurs effets recherchés et indésirables, des interactions entre les différents médicaments, mais aussi le lieu où exerce le pharmacien et le préparateur en pharmacie. Actuellement d'ailleurs, de nombreuses préparations dites magistrales ;

---

[199] Article 9 du décret du 19 mars 1952 portant sur l'exercice de l'art de guérir in B.O 1952, p.882.

sont composées, dosées et conditionnées dans les pharmacies. Le pharmacien est la personne qui est autorisée à exercer la pharmacie, et ce, après ses études universitaires à la Faculté des Sciences Pharmaceutiques.

Le monopole pharmaceutique couvre, en effet, la préparation, la cession, la vente en gros ou en détail et toute dispensation au public des médicaments[200]. Ce monopole est justifié par le fait que le médicament est un produit de consommation à part, spécifique à chaque personne. Il ne doit être utilisé que s'il y a un dysfonctionnement physique, physiologique, biologique ou psychologique chez un individu quelconque. Cela étant, la précaution oblige que les activités relatives au médicament soient effectuées par le pharmacien, homme de l'art qui assure le premier maillon de la chaîne des soins en harmonie avec sa fonction de dernier maillon de la chaîne du médicament[201].

Ainsi, le pharmacien d'officine, par exemple, doit être instruit sur les grandes pathologies. Il doit constamment développer ses connaissances en sémiologie, qui l'autorisent à proposer une réponse aux symptômes décrits par le patient qui s'adresse personnellement à lui.

Pour remplir sa mission de conseiller thérapeutique à l'officine, le pharmacien doit informer, éclairer, éduquer le patient consommateur pour que ce dernier décrypte la masse des publications scientifiques, pseudoscientifiques souvent mercantiles et charlatanesques qui lui sont proposées par les médias.

Le monopole pharmaceutique reconnu par la loi au pharmacien subi quelques tempéraments qu'il convient de voir dans le paragraphe suivant.

---

[200] Article 9 de l'ordonnance n°27 bis/Hyg du 15 mars 1933 sur l'exercice de la pharmacie.

[201] R. CAQUET, *La médication officinale, conseils et médicaments délivrés par le pharmacien à l'officine*, 3ème éd., Paris, éd. Elsevier Masson, 2009, pp.1-2.

2. Exceptions au principe du monopole pharmaceutique

148.- Portée. L'ordonnance n° 27 bis/Hyg du 15 mars 1933 sur l'exercice de la pharmacie en ses articles 10, 12 et 15 prévoient limitativement les exceptions au principe du monopole pharmaceutique reconnu par la loi au pharmacien.

En effet, aux termes de l'article 10 : « *Les docteurs en médecine et, pour ce qui concerne leur art, les médecins vétérinaires pourront, nonobstant l'absence du diplôme de pharmacien ou du diplôme équivalent et à condition de ne pas le faire habituellement dans un but de lucre, détenir et céder, même à titre onéreux, toute espèce de drogues ou, de produits pharmaceutiques, s'il n'existe pas de pharmacien diplômé tenant officine ouverte au public, dans un rayon de 10 kilomètres.*

Si leur installation dans la localité est antérieure à celle du pharmacien, ils continuent à jouir de cette prérogative, mais ils ne seront plus autorisés à délivrer les drogues et produits pharmaceutiques qu'aux malades soignés par eux et ce, tant qu'ils résideront dans la même localité ».

Il en est de même, pour les personnes qui s'occupent de l'assistance médicale bénévole, les firmes industrielles, commerciales et agricoles, les directeurs d'école, les supérieures des missions religieuses, les capitaines de bateau, les agents sanitaires, infirmières, infirmiers et assistants médicaux, peuvent détenir, utiliser et céder des drogues et médicaments pour l'administration des soins d'usage courant à leur personnel, élèves ou passagers[202].

Cette dernière exception vise essentiellement les médicaments d'usage courant dont les intéressés doivent prévoir dans la composition de leurs boîtes de secours imposées par les divers règlements relatifs à l'hygiène et à

---

[202] Articles 11 et 12 de l'ordonnance n°27 bis/Hyg du 15 mars 1933 sur l'exercice de la pharmacie.

la sécurité des travailleurs et non pas dans un but lucratif, notamment la vente des médicaments.

L'article 15 de l'ordonnance précitée, renchérit que : *« Même dans les localités où existe une pharmacie ouverte au public, le médecin attaché au service d'une entreprise privée pourra délivrer les médicaments nécessaires aux personnes de cette entreprise ».*

En dehors donc de ces exceptions expressément prévues par la loi, la manipulation des médicaments par une personne autre que le pharmacien est strictement interdite. L'existence du monopole a pour corollaire, une obligation pour le pharmacien de fabriquer, céder, vendre en gros ou en détail les médicaments au public.

Qu'en est-il de la violation du monopole pharmaceutique ?

3. Sanctions et responsabilités

149.-Conséquences liées à la violation du monopole pharmaceutique. En droit congolais, la violation du monopole pharmaceutique constitue l'infraction de l'exercice illégal de la pharmacie qui fait partie de l'art de guérir, punissable d'une servitude pénale de trois mois à deux ans, et d'une amende ou d'une de ces peines seulement conformément aux dispositions des articles 9 et 17 à 20 du décret du 19 mars 1952 sur l'exercice de l'art de guérir, comme nous l'avons su bien préciser supra.

Il sied de préciser également que la vente d'un médicament contrefait est punissable par la loi. Aux termes de l'article 3 de la loi de la loi n° 18/035 du 13 décembre 2018 relative à la santé publique : « Est *considéré comme médicament contrefait :*

- *médicament dont la composition est différente de la composition spécifique dans le dossier d'autorisation de mise sur le marché approuvé par le ministre de la santé ;*
- *médicament sans substance active ou avec une substance active différente de celle déclarée sur l'emballage ;*

- *médicament dont l'utilisation est prohibée par le ministère de la santé publique ;*
- *médicament produit ou importé sans autorisation préalable du ministère de la santé publique ;*
- *médicament commercialisé sans avoir été préalablement analysé ;*
- *médicament détérioré, contaminé, produit avec des substances non autorisées et dont les indications déclarées sont contraires à la réalité. »*

Comme on peut bien le constater, le législateur a donné une conception large de la définition des médicaments contrefaits en vue de protéger à toutes fins utiles le patient consommateur. Cette infraction est prévue et punie à l'article 131 alinéa 1 de la même loi précitée, qui dispose qu'*« Est puni de deux à cinq ans de servitude pénale principale et d'une amende d'un million de francs congolais, quiconque volontairement vend, livre ou administre des produits pharmaceutiques dont il est reconnu coupable de contrefaçon, de falsification, d'altération ou de péremption »*.

B. Établissements de vente en gros des médicaments

Il nous faut d'abord poser le principe en la matière avant de voir les normes minimales.

1. Principe

150.- Énoncé du principe. Le circuit de distribution des médicaments est réglementé par l'arrêté ministériel n° 1250/CAB/MIN/SP/008/CPH/OBF/2 015 du 28 septembre 2015 portant réglementation du commerce des produits pharmaceutiques en République démocratique du Congo[203].

Les laboratoires de fabrication et les grossistes répartiteurs distribuent leurs produits pharmaceutiques

---

[203] J.O. RDC, Première partie – numéro 20 du 15 octobre 2015, col. 8.

auprès des établissements de vente en gros autorisés d'exercer le commerce conformément aux législations et réglementations en la matière.

Les établissements de vente en gros encore appelés grossistes distributeurs livrent à leur tour, leurs produits pharmaceutiques auprès des pharmacies privées autorisées, des pharmacies internes des établissements des soins de santé autorisées et des pharmacies hospitalières des établissements publics des soins de santé autorisées.

Toute vente ou tout achat en gros des produits pharmaceutiques ne peut s'effectuer que sur présentation d'un bon de commande dûment signé par le pharmacien titulaire ou responsable d'un établissement pharmaceutique autorisé.

À cet effet, l'original du bon de commande est gardé par l'établissement de vente en gros, tandis que sa copie est gardée par l'établissement acheteur qui doit la présenter à toutes fins utiles aux inspecteurs pharmaceutiques en cas de contrôle.

Quant à la distribution des produits pharmaceutiques sous contrôle international encore appelés les médicaments à usage restreint, deux outils servent à la gestion, d'une part, le bon de commande affecté aux achats des stupéfiants, psychotropes et précurseurs chimiques et d'autre part, le registre de comptabilité pour le suivi et la traçabilité desdits produits[204].

Toute importation ou exportation des produits pharmaceutiques en RD Congo est soumise à l'obtention selon le cas d'une autorisation d'importation ou exportation délivrée par l'ACOREP.

La demande de ladite autorisation doit être introduite à l'autorité compétente par le pharmacien responsable de l'aspect scientifique et technique de l'établissement

---

[204] Article 40 de l'arrêté ministériel n°1250/CAB/MIN/SP/008/CPH/OBF/2015 du 28 septembre 2015, précité.

pharmaceutique autorisé par le ministère de la Santé publique. La durée de validité de l'autorisation d'importation ou d'exportation est de six mois.

Les établissements pharmaceutiques de commerce en gros sont aussi soumis aux normes minimales qu'ils doivent strictement respecter.

2. Normes minimales

151.- Portée de normes minimales. Les établissements pharmaceutiques de vente en gros doivent abriter dans des maisons construites en matériaux durables, plafonnées, électrifiées et d'une superficie d'au moins 150 m² par maison avec au moins 3 m de hauteur, comprenant aussi un nombre suffisant des locaux[205].

Concrètement lesdits locaux doivent « *respecter les flux conformément aux bonnes pratiques de distribution :*

- *Une salle pour la réception des produits ;*
- *Une salle pour la quarantaine ;*
- *Plusieurs salles d'entreposages ;*
- *Une salle d'attente et de délivrance plus vestiaires ;*
- *Plusieurs bureaux du personnel ;*
- *Une salle de matériel informatique ;*
- *Une salle pour les inflammables et un espace réservé aux produits hors usage ;*
- *Installations sanitaires propres (internes ou externes) avec eau courante* »[206].

Il convient de préciser que toutes ces pièces doivent se situer obligatoirement dans l'enceinte de l'établissement pharmaceutique.

S'agissant des moyens de conservation, « il faut :

- *Une climatisation appropriée ;*

---

[205] Annexe II, de l'arrêté ministériel n° 1250/CAB/MIN/SP/010/CPH/OMP/2015 du 28 septembre 2015, précité, Col. 110.

[206] *Idem.*

- *Un frigidaire ou une chambre froide spécifique pour l'usage pharmaceutique ;*
- *Des étagères métalliques ou en bois laqué et armoires ;*
- *Un local dédié aux psychotropes ou armoire à poison fermé à clé ;*
- *Des palettes en plastiques ou en bois laqué pour disposer les produits ;*
- *Des thermomètres muraux (T° 22 .5 °C + /2.5°C) ;*
- *Hygromètres (humidité relative inférieure à 50% +/- 15 %) ;*
- *Des kits informatiques et des dispositifs de lutte contre les rongeurs et autres insectes.* »[207]

Quant à la gérance, elle doit être assurée par un pharmacien secondé par un ou plusieurs assistants en pharmacie selon le cas.

À côté des établissements pharmaceutiques de vente en gros, il y a aussi ceux du commerce en détail.

C. Établissements de vente en détail des médicaments

Deux points sont abordés comme au paragraphe précédent : le principe en la matière (1) et les normes minimales (2).

1. Principe

152.- Énoncé du principe. La vente en détail des médicaments est assurée dans des pharmacies privées autorisées conformément aux prescriptions législatives et réglementaires en la matière, qui délivrent « *leurs produits pharmaceutiques aux patients avec ou sans ordonnance médicale selon le cas, aux dispensaires et cabinets privés. Elles délivrent aussi aux propriétaires des compagnies de transport long courrier (bateaux, avions, trains, véhicules),*

---

[207] *Ibid.*

aux directeurs d'école et aux gestionnaires des marchés pour les trousses de secours »[208].

Les pharmaciens sont personnellement responsables de la délivrance des médicaments. Il leur appartient d'exercer un contrôle critique sur les ordonnances délivrées par les médecins [209] . Lorsqu'une prescription n'est pas régulièrement formulée, le pharmacien ne l'exécutera qu'après avoir consulté le médecin.

S'il ne peut être renseigné avant l'exécution de la préparation, il réduira les doses de façon à les adapter aux doses maxima fixées par la pharmacopée ou l'ouvrage scientifique similaire et en avertira le médecin. Les pharmaciens sont aussi autorisés à délivrer les médicaments simples ou d'usage courant à toute personne intéressée. La vente, cession et délivrance des aphrodisiaques, des abortifs et des produits réputés tels ne peuvent se faire que sur prescription médicale.

En outre, la compétence spécifique du pharmacien d'officine en matière de médication officinale consiste à traiter directement la petite pathologie. La médication officinale est définie comme étant une expression générique désignant l'ensemble de moyens médicamenteux ou autres à prescription facultative proposés par le pharmacien d'officine à des patients venus faire appel à sa compétence spécifique[210].

À vrai dire, l'ambition du pharmacien d'aujourd'hui va bien au-delà du rôle utilitaire auquel certains voudraient le limiter. Les pharmaciens d'officine peuvent, dans le cas des

---

[208] Annexe V de l'arrêté ministériel n°1250/CAB/MIN/SP/010/CPH/OMP/2015 du 28 septembre 2015 modifiant et complétant l'arrêté ministériel n°1250/CAB/MIN/S/AJ/01 du 14 mars 2000 portant conditions d'octroi des autorisations d'ouvertures et de fonctionnement des établissements pharmaceutiques, précité, Col.123.

[209] Article 3 de l'ordonnance n°27 bis/HYG du 15 mars 1933.

[210] R. CAQUET, *op. cit.*, p.1.

soins pharmaceutiques, conseiller sans prescription médicale un médicament pour lutter contre diverses maladies, veiller à éviter une surconsommation des médicaments, même pour ceux qualifiés imprudemment d'anodins.

À notre avis, on est loin d'une vision passéiste de l'acte pharmaceutique qui se limitait à une simple exécution passive des ordonnances. Il est donc indispensable que les pharmaciens s'astreignent à une formation continue, qu'ils acquièrent de bonnes connaissances de la thérapeutique pour accomplir le rôle noble que la société congolaise attend d'eux, rôle qui peut bien se résumer en quatre mots : *« alerter, prévenir, soulager, guérir »*[211].

Les établissements pharmaceutiques du commerce en détail sont aussi comme tout autre établissement pharmaceutique, soumis à un certain nombre des normes minimales à observer strictement, qu'il convient sans détour de voir, dans les lignes qui suivent.

2. Normes minimales

153.- Portée de normes minimales. Les officines pharmaceutiques doivent s'abriter dans des maisons construites sur matériaux durables, plafonnées, équipées des dispositifs anti incendie ayant une superficie d'au moins 45m² pour chacune d'elles, respectant l'espace vital et l'esthétique de l'ensemble[212].

Elles doivent avoir, en termes des locaux, cinq pièces ci-après :

« - Une salle de délivrance dimensions : 20m² (5x4) au moins de superficie et 3 m au moins de hauteur ; avec un comptoir vitré et des étagères appropriées ;

---

[211] *Idem*, p.2.

[212] Annexe II de l'arrêté ministériel n° 1250/CAB/MIN/SP/010/CPH/OMP/2015 du 28 septembre 2015, précité, Col.108.

- *Une salle de stockage dimension 16m² (4x4) au moins de superficie et 3m au moins de hauteur ;*
- *Une salle de préparation : (à adapter selon l'activité à y mener) ;*
- *Un bureau du pharmacien dimension 9m² (3x3) au moins de superficie et 3 m au moins de hauteur. Il doit être équipé d'une table, trois chaises, une bibliothèque comprenant quelques ouvrages tels que pharmacopées, dictionnaires pharmaceutiques, médical... Ledit bureau doit être de préférence contigu à la salle de délivrance ;*
- *Des installations hygiéniques propres avec une eau courante. »*[213]

S'agissant des moyens de conservations des médicaments, les éléments suivants doivent être pris en compte :

« - Une climatisation appropriée pour des régions où la température varie entre 20°C et 35°C le conditionnement d'air est indispensable ;
- *Un frigidaire ; étagères métalliques ou en bois laqué ;*
- *Des armoires appropriées pour la conservation des antibiotiques et d'autres produits à conservation spéciale ;*
- *Des palettes en bois laqués ou en plastiques pour disposer les produits ;*
- *Les thermomètres muraux (T°22.5°C +/- 2.5°C), des hygromètres (humidité relative inférieure à 50% +/- 15%) et les dispositifs de lutte contre les rongeurs et d'autres insectes. »*[214]

Quant à la gérance, les officines pharmaceutiques doivent être gérées par des pharmaciens qui peuvent être secondés, par un ou plusieurs pharmaciens assistants et un ou plusieurs assistants en pharmacie.

---

213 *Idem.*
214 *Ibid.*

Il faut noter également qu'une officine doit se situer à une distance de 500 à 1000 mètres au moins par rapport à une autre déjà installée dans une agglomération déterminée. Une officine est destinée pour 10 000 habitants en milieu urbain et 3 000 habitants en milieu rural.

Bien plus, il nous paraît opportun d'indiquer que les pharmaciens d'officine et ceux des établissements pharmaceutiques de vente en gros sont non seulement tenus au strict respect des règles du commerce, mais aussi à celles de leur profession c'est-à-dire les règles déontologiques qu'ils ne peuvent aucunement se soustraire sous quelque prétexte que ce soit[215].

L'Ordre des Pharmaciens est chargé d'assurer la défense de l'honneur et de l'indépendance de la profession.[216] Il veille au maintien des principes de moralité, de dignité et de probité indispensables à l'exercice de la profession de pharmacien ainsi qu'à l'observation par tous ses membres des devoirs professionnels et des règles de déontologie.

D. Prix, publicité et pharmacovigilance des médicaments

Sous ce point sont respectivement abordés le prix, la publicité et la pharmacovigilance.

1. Le prix des médicaments

154.- Le prix des médicaments. En RD Congo, le texte qui réglemente le prix est la loi n° 18/020 du 9 juillet 2 018 relative à la liberté des prix et à la concurrence[217], auquel le commerce des médicaments ne saurait échapper. Aux termes de l'article 6 de la loi précitée, les prix de vente des

---

[215] Lire ordonnance-loi n°91-018 du 30 mars 1991 portant création d'un ordre des pharmaciens en République Démocratique du Zaïre, in J.O.Z, numéro spécial, juin 1991, p.5.

[216] Article 2 de l'ordonnance-loin°91-018 du 30 mars 1991 portant création d'un ordre des pharmaciens en République Démocratique du Zaïre, in J.O.Z, numéro spécial, juin 1991, p.5.

[217] In JO.RDC numéro spécial du 5 avril 2019.

produits et services sont librement fixés, par ceux qui en font l'offre dans le strict respect de la réglementation en la matière. Ils ne sont donc pas soumis à l'homologation préalable, mais doivent, après qu'ils aient été fixés, être communiqués avec tout le dossier y afférant, au ministre ayant l'économie nationale dans ses attributions pour un contrôle à postériori.

Cependant, l'article 7 de la même loi ; précise que le *« Ministre ayant l'économie nationale dans ses attributions a le pouvoir de déterminer les modalités de calcul et de fixation des prix, ainsi que la marge* bénéficiaire *maximum autorisée aux commerçants autres que les professions libérales »*[218].

Ainsi, le commerce des médicaments doit respecter les marges bénéficiaires autorisées telles que fixées par le ministre de l'Économie. Toute pratique des prix illicites est sanctionnée sévèrement par la loi ci-haut citée, nous y reviendrons plus loin.

156.- À cet effet, en matière pharmaceutique, la marge bénéficiaire est fixée à 20 % pour les grossistes et à 33 % pour les pharmaciens[219].

Les agents du ministère de l'Économie nationale attitrés sont habilités de procéder au contrôle des prix des médicaments dans les établissements de commerce en gros et en détail, notamment les pharmacies. Une enquête fut menée en 2007 sur les prix des médicaments. Les résultats de cette enquête ont révélé que *« les prix des médicaments étaient très élevés, ce qui ne permet pas à coût sûr, une*

---

218 Article 7 de la loi n°18 /020 du 9 Juillet 2018 relative au prix et à la concurrence.

219 Cette marge bénéficiaire est prévue à l'article 48 de l'arrêté ministériel n° 1250/CAB/MIN/SP/0008/CPH/OBF/2015, précité, Col.80.

accessibilité financière facile à la population, surtout, soulignent-ils, aux fonctionnaires et agents de l'État »[220].

La hausse des prix des médicaments[221] est l'une des causes qui exposent les consommateurs congolais aux prédateurs qui vendent les médicaments sous standards et contrefaits, avec leurs prix moindres adaptés aux moyens financiers limités des consommateurs.

La pratique des prix illicites est sanctionnable, avons-nous souligné précédemment, il convient alors de voir la portée de cette sanction dans le point suivant.

157.- Sanctions des prix illicites. Par prix illicite, il faut entendre : « *Le prix supérieur au prix fixé conformément à la loi et ses mesures d'application ou prix supérieur au prix réglementé »*[222].

La sanction prévue par l'article 64 de la loi suscitée, relative à la pratique des prix illicites des médicaments est d'une servitude pénale de six mois au maximum et d'une amende qui ne dépasse pas cent millions de francs congolais ou l'une de ces peines seulement.

La publicité pharmaceutique est d'une importance capitale à la phase de la distribution des médicaments.

2. La publicité des médicaments

158.- La publicité pharmaceutique. Seuls les médicaments pour lesquels l'autorisation de mise sur le marché est valide peuvent faire l'objet d'une publicité. Toute publicité faite à l'égard d'un médicament doit contenir les informations exactes, actualisées et

---

[220] Ministère de la santé publique, Rapport narratif : profil pharmaceutique de la République démocratique du Congo, 2011, p.28.

[221] M. DUNEAU, « Prix des médicaments, produits et objets dispensés en pharmacie », in *Droit pharmaceutique,* Paris, Litec, 2012, fasc. No24-10.

[222] Article 5 point 12 la loi n° 18/020 du 9 juillet 2018 relative au prix et à la concurrence.

vérifiables[223]. Elle doit respecter non seulement les dispositions de l'autorisation de mise sur le marché mais également se conformer aux renseignements figurant dans le résumé des caractéristiques du produit.

Aucune publicité concernant les médicaments ne peut être faite en utilisant comme support une prescription médicale par l'insertion des médicaments d'une firme quelconque ou en plaçant les images sur l'emballage extérieur des médicaments ou encore en faisant promesse des résultats infaillibles[224].

Le délégué médical doit s'abstenir de se référer à une recommandation émanant de scientifiques, de professionnels de la santé ou de toutes personnes qui, bien que n'étant ni scientifiques, ni professionnels de la santé, peuvent, de par leur notoriété, inciter à la consommation de médicaments. Il est tenu de rapporter au responsable de l'entreprise toutes les informations relatives à l'utilisation des médicaments dont il assure la publicité, en particulier en ce qui concerne les effets indésirables qui lui sont communiqués par les personnes visitées.

159.- Publicité pharmaceutique adressée au grand public. La publicité sur « *les médicaments, les recettes et les médicaments traditionnels auprès de grand public est interdite par la loi*[225]*. Il en est de même pour les affiches et panneaux publicitaires des médicaments et tout autre produit de santé. En outre, la publicité des médicaments et des produits médicaux à travers les médias audiovisuels, officiels ou privés est proscrite*[226] ». À côté du grand public,

---

[223] Articles 11 et 12 de l'arrêté ministériel n°1250/CAB/MIN/SP/012/CPH/OBF/2015, du 28 septembre 2015, *op.cit.,* Col.150.

[224] Article 1 de l'ordonnance n°72/6 du 2 janvier 1958 et article 16 de l'arrêté départemental n°04/DIP/004/90 du 21 avril 1990, précité.

[225] Articles 15 de l'arrêté ministériel n°1250/CAB/MIN/SP/012/CPH/OBF/2015, du 28 septembre 2015, *op.cit.,* Col.150.

[226] Article 56 de la loi n°18/035 du 13 décembre 2018 relative à la santé publique.

il y a aussi les professionnels de santé à qui peut être destinés la publicité pharmaceutique.

160.- Publicité pharmaceutique adressée aux professionnels de la santé. La publicité pharmaceutique adressée aux professionnels de santé, encore appelée publicité technique [227], se fait par voie de « *contacts individuels, de réunions, de conférences, de manifestations ou d'expositions, excepté la radio et la télévision. Elle peut aussi être faite à travers les journaux, revues et ouvrages à caractère scientifique, les affiches et panneaux publicitaires exposés uniquement dans les établissements de soins ou dans les établissements pharmaceutiques* »[228]. Elle doit exprimer la vérité, la crédibilité et présenter objectivement le médicament concerné pour un usage rationnel.

Il est interdit aux pharmaciens d'officines, aux grossistes répartiteurs, aux délégués médicaux, aux fabricants de produits pharmaceutiques, de donner aux médecins, aux chirurgiens – dentistes, aux sages-femmes ou à toutes personnes habilitées à prescrire ou à appliquer des médicaments, des primes, des objets ou produits quelconques ou des avantages matériels directs ou indirects de quelque nature que ce soit.

Sont seulement autorisés le matériel promotionnel tels que les échantillons médicaux, les gadgets, les fiches posologiques.

Nul ne peut exercer le métier de délégué médical « *s'il n'est rattaché à une maison de représentation ou à un établissement pharmaceutique autorisé et n'est préalablement enregistré par l'autorité nationale de réglementation pharmaceutique...* »[229].

---

[227] P. GREFFE et I. GREFFE, *La publicité et la loi*, 4ème éd. Paris, Litec, 1979, p.310.

[228] Article 55 de la loi n°18/035 du 13 décembre 2018, précitée.

[229] Articles 15 et suivants de l'arrêté ministériel n°1250/CAB/MIN/SP/012/CPH/OBF/2015, du 28 septembre 2015, précitée.

Voyons enfin, la publicité concernant les officines et les établissements de préparation et de vente en gros des médicaments.

161.- Publicité des officines et établissements de vente en gros, de fabrication des produits pharmaceutiques. Les pharmaciens d'officine, des établissements de vente en gros et de fabrication des médicaments doivent s'interdire de solliciter la clientèle par des procédés et moyens contraires à la dignité de leur profession, même lorsque ces procédés et moyens ne sont pas expressément prohibés par la législation en vigueur.

Dans l'exercice de leur profession, ils ne doivent accompagner leurs noms que de titres officiels (universitaire, hospitalier, scientifique[230]).

Cependant, à l'exception de celles qu'impose la législation, les seules indications que les pharmaciens puissent faire figurer sous leur raison sociale, sur leurs en – têtes de lettres, papiers d'affaires ou dans les annuaires sont :

- Celles qui facilitent leurs relations avec leurs clients ou fournisseurs, telles que les noms, prénoms, adresses, numéros de téléphone, jours et heures d'ouverture, numéros de comptes de chèques postaux ;
- L'énoncé des différentes activités qu'ils exercent ; …[231]

Les règles de la publicité pharmaceutique ainsi précisées sont assorties des sanctions en cas de leurs violations.

162.- Sanctions et responsabilités. Toute infraction relative à la publicité pharmaceutique *« est punie d'une servitude pénale de quinze jours à une année et d'une amende de cinq cent mille francs congolais »,* dit l'article 131 in fine de la loi n° 18/035 du 13 décembre 2018, fixant

---

[230] Articles 17 à 19 de l'annexe de l'ordonnance n°91-018 du 30 mars 1991 sur l'Ordre des pharmaciens, précitée.

[231] *Idem.*

les principes fondamentaux relatifs à l'organisation de la santé publique ».

La pharmacovigilance joue aussi un rôle important après la distribution des médicaments, qu'il convient aussi d'en dire un mot.

3. La pharmacovigilance

163.- Surveillance postmarketing du médicament : la pharmacovigilance. La pharmacovigilance a pour objet la surveillance du risque d'effet indésirable résultant de l'utilisation des médicaments.

Elle repose fondamentalement sur les obligations de signalement qui pèsent sur les professionnels de santé et les industriels du médicament[232]. Dès lors qu'un professionnel de santé constate un effet indésirable grave ou inattendu susceptible d'être dû à un médicament, qu'il l'ait ou non prescrit, il est tenu d'en faire la déclaration immédiate au centre de pharmacovigilance. De même, toute entreprise exploitant un médicament doit, d'une part, se doter d'un service de pharmacovigilance et, d'autre part, enregistrer et déclarer au centre national de pharmacovigilance[233] ou au centre régional, aux points focaux de pharmacovigilance territorialement compétents, tout effet indésirable grave et tout effet indésirable paraissant revêtir un caractère de gravité consécutif à l'utilisation d'un produit pharmaceutique. [234]

[232] Article 41 de l'arrêté ministériel n°1250/CAB/MIN/SP/011/CPH/OBF/2015 du 28 septembre 2015 modifiant et complétant l'arrêté ministériel n°1250/CAB/MIN/S/AJ/MS/013/2001, précité.

[233] Il existe un système national de pharmacovigilance en République Démocratique du Congo, crée par l'arrêté ministériel n°1250/CAB/MIN/S/014/EKA/2006, du 04 juillet 2006.

[234] *Idem.*

En RDC, le Système National de Pharmacovigilance est organisé[235] par le ministère de la Santé Publique et a pour objectifs de :

« - *Déceler le plus précocement possible tous les effets indésirables des produits de santé plus particulièrement ceux qui sont graves et inattendus dus à l'utilisation des produits de santé ;*

- *Déceler les effets nuisibles résultant d'un message, des erreurs médicamenteuses, d'une exposition à certains produits, d'une dépendance, d'une mauvaise qualité des produits de santé ;*
- *Développer la formation et l'information en matière des effets indésirables des produits de santé auprès des professionnels de santé ainsi que du public ;*
- *Donnez des avis techniques motivés aux personnalités et aux organismes ayant un pouvoir légal de décision sur l'autorisation de l'utilisation et de réglementation des produits de santé ;*
- *Enfin, réaliser des études sur les mécanismes et les conséquences des effets indésirables des produits de santé »*[236].

---

[235] Arrêté ministériel n°1250/CAB/MIN/SP/013/CPH/OBF/2015 du 28 septembre 2015 modifiant et complétant l'arrêté ministériel n°1250/CAB/MIN/025/CJ/OMK/2009 portant organisation du système national de pharmacovigilance en République Démocratique du Congo, in J.O. RD Congo, 56ème année, première partie – numéro 20, du 15 octobre 2015, col. 161.

[236] Article 2 Arrêté ministériel n°1250/CAB/MIN/SP/013/CPH/OBF/2015 du 28 septembre 2015 modifiant et complétant l'arrêté ministériel n°1250/CAB/MIN/025/CJ/OMK/2009 portant organisation du système national de pharmacovigilance en République Démocratique du Congo, in J.O. RD Congo, 56ème année, première partie – numéro 20, du 15 octobre 2015, col. 161.

164.- Le Système National de Pharmacovigilance est mis en œuvre par l'Autorité Nationale de la Règlementation pharmaceutique. Il comprend en outre la Commission Nationale de Pharmacovigilance, le Comité Technique, le Centre National de Pharmacovigilance, les Centres Régionaux de Pharmacovigilance, les points focaux de pharmacovigilance, les entreprises pharmaceutiques, les programmes spécialisés et enfin, les professionnels de santé ainsi que le public.

L'ACOREP exige des firmes pharmaceutiques la mise en place d'un système de gestion des risques en vue du renforcement de la surveillance du médicament et autres produits de santé, de la surveillance du risque, du bon usage du médicament et des informations sur les médicaments et autres produits de santé. Quid du système qualité pharmaceutique ?

§2. Contrôle de la qualité des médicaments

165.- La gestion de la qualité est un large concept qui couvre tout ce qui peut, individuellement ou collectivement, influencer la qualité d'un produit. Elle représente l'ensemble de dispositions prises pour garantir la qualité des médicaments à l'usage auquel ils sont destinés. La gestion de la qualité intègre donc les bonnes pratiques de fabrication et de distribution des médicaments.

Le contrôle de la qualité s'applique aux étapes du cycle de vie du médicament de sa fabrication, sa commercialisation jusqu'à sa consommation.

À cet effet, il y a divers organes de contrôle (A), nantis des pouvoirs répressifs (B) qui s'appliquent suivant une procédure rationnelle (C).

A. Organes de contrôle de la qualité des produits pharmaceutiques

166.- Base légale. Aux termes de l'article 19 de l'arrêté ministériel n° 1250/CAB/MIN/SP/008/CPH/OBF/2 015 du

28 septembre 2015 portant réglementation du commerce des produits pharmaceutiques en République démocratique du Congo, sont compétents de contrôler la qualité des produits pharmaceutiques en collaboration avec l'ACOREP les services ci-après :

- La Direction Générale de la douane et des assises (DGDA) du Ministère de Finances ;
- L'Office National de Contrôle du Congo (OCC), du ministère du Commerce Extérieur ;
- La Police Internationale, (INTERPOL) en sigle ;
- Les services des investigations de la Police Nationale Congolaise du ministère de l'Intérieur, et enfin ;
- Les services judiciaires, notamment les Parquets du Ministère de la Justice.

Tous ces services travaillent en collaboration avec le Ministère de la Santé à travers l'ACOREP pour garantir la santé publique.

167.- En vue d'assurer le contrôle et veiller à l'application des normes pharmaceutiques tendant à protéger le consommateur, chaque service suscité joue son rôle spécifique par rapport à ses missions lui confiées par la loi.

Ainsi, pour ce qui est du ministère de la santé publique, le médecin en chef, le pharmacien en chef, les pharmaciens provinciaux, le chef du service médical de la localité la plus proche du lieu où s'est installé un établissement pharmaceutique quelle que soit sa nature sont chargés de contrôle et sont revêtus de la qualité d'officier de police judiciaire[237].

Ils pourront visiter les officines, magasins, boutiques et lieux quelconques affectés à la vente et à la délivrance des médicaments aux heures pendant lesquelles ces locaux sont ouverts au public. Ils ont aussi le pouvoir de constater les

---

[237] Article 62 de l'ordonnance n°27bis/hyg du 15 mars 1933 sur l'exercice de la pharmacie.

infractions en matière pharmaceutique. Nous y reviendrons avec force détail lorsque nous parlerons des pouvoirs des organes de contrôle.

L'Office Congolais de Contrôle est un établissement public à caractère scientifique et technique placé sous la tutelle du ministère ayant le commerce dans ses attributions[238]. Il a pour mission de contrôler la qualité et la conformité de tous les produits fabriqués localement, toutes les marchandises et produits notamment les médicaments à l'importation et à l'exportation, d'analyser les échantillons des produits importés.

La Police Nationale Congolaise et l'INTERPOL viennent aussi au secours d'autres services suscités pour combattre la criminalité pharmaceutique. Tout cas des produits pharmaceutiques contrefaits est porté à la connaissance du ministère de la Santé publique par le biais de l'autorité de régulation, aux autorités de l'organisation mondiale de la santé et aux autorités nationales de réglementation pharmaceutique des pays limitrophes[239].

Enfin, les parquets aussi jouent leur rôle à travers le ministère Public, organe de la loi, en instruisant les dossiers qui parviennent des officiers de police judiciaire et en soutenant l'accusation devant les cours et tribunaux.

Abordons à présent la portée des pouvoirs que détiennent les organes ci-dessus analysés.

---

[238] Lire le décret n°09/42 du 3 décembre 2009 fixant les statuts d'un établissement public à caractère scientifique et technique de l'Office congolaise de contrôle.

[239] Article 20 de l'arrêté ministériel n°1250/CAB/MIN/SP/008/CPH/OBF/2015 du 28 septembre 2015, précité, co.80.

B. Pouvoirs des organes de contrôle de la qualité des médicaments

168.-Les pouvoirs des organes de contrôle renvoient ici aux tâches que doivent accomplir ces derniers pour surveiller la fabrication et le commerce des médicaments.

Avant même de décrire la portée desdits pouvoirs, il nous paraît loisible de préciser leur nature juridique. Au fait, les pouvoirs confiés par la loi aux organes de contrôle de la qualité des médicaments sont de deux natures : les pouvoirs de police administrative et ceux de police judiciaire.

Par police administrative, il faut entendre « *l'ensemble de pouvoirs accordés par la loi ou en vertu de la loi aux autorités administratives et qui permettent à celles-ci d'imposer des limitations aux droits et libertés des individus en vue d'assurer l'ordre public* »[240]. Mais, traditionnellement réduite en droit public et administratif à trois éléments qui forment la trilogie classique constituée par la tranquillité, la sécurité et la salubrité publique[241], sens qui nous intéresse dans le cas d'espèce.

En revanche, la police judiciaire vise à élucider les infractions et à déférer les auteurs de ces infractions devant les cours et tribunaux compétents.

En d'autres termes, la police administrative vise à éviter le désordre en prenant à l'avance les mesures, alors que la police judiciaire vise à rechercher et à livrer à la justice les auteurs d'infractions déjà commises. En un « mot » sans vouloir entrer dans le débat doctrinal de leur critère de

---

[240] L. KYABOBA KASABWA, *La prévention des atteintes à la sécurité des consommateurs, Etude comparée des droits congolais et belge et de l'Union européenne*, Presses Académiques francophones, 2013, p.268.

[241] *Idem.*

distinction, la police administrative est préventive, tandis que la police judiciaire est répressive[242].

Par exemple l'O.C.C exerce une police administrative alors que les OPJ et les parquets exercent une police judiciaire.

169.- S'agissant du contenu des pouvoirs des organes de contrôle, l'ordonnance n° 27 bis/Hyg. du 15 mars 1933 sur l'exercice de la pharmacie, spécialement à son article 62 al 2 dispose que : « ... *ces praticiens sont indépendamment de tous les officiers de police judiciaire, chargés de surveiller l'exécution des mesures prises par la présente ordonnance. Ils pourront visiter les officines, magasins, boutiques et substances tombant sous l'application des articles de cette ordonnance aux heures pendant lesquelles ces locaux sont ouverts au public.*

Ils constateront les infractions aux diverses dispositions sur la matière par des procès – verbaux faisant foi jusqu'à preuve du contraire ; une copie du procès-verbal sera transmise aux contrevenants dans les 24 heures au plus tard de la constatation de l'infraction. Ils pourront faire des prélèvements aux fins d'analyse ».

Après une lecture attentive de cette disposition, il apparaît clairement la portée des pouvoirs des organes de contrôle, et la disposition étant claire et précise, nous exempte de tout commentaire.

C. Procédure administrative de recherche et constatation des infractions pharmaceutiques

170.- Durant l'exécution de leur mission des visites d'inspections qu'ils sont censés effectuer, les agents de contrôle peuvent, on l'a vu ci-dessus, prélever l'échantillon des médicaments aux fins de leur analyse de conformité à la loi et ce, à tout moment de suspicion de la qualité desdits

---

[242] *Ibid.*

médicaments. [243] Ils peuvent aussi empêcher la vente des produits qui leur paraîtraient suspects. Dans ce cas, le récipient les contenants sera mis sous scellé jusqu'au moment où l'analyse aura établi que les produits sont conformes aux conditions normales de la vente. [244]

Les pharmaciens sont tenus de coopérer avec les agents de contrôle en mettant à leur disposition toutes pièces comptables, toutes prescriptions et tous livres nécessaires à l'exercice de leur mission[245].

Quiconque s'opposera à l'inspection sera puni d'une peine de servitude pénale de trois mois à deux ans et d'une amende ou d'une de ces peines seulement[246].

À côté du contrôle de la qualité des produits pharmaceutiques, il y a également celui de la profession des pharmaciens, acteurs principaux du domaine pharmaceutique.

En droit de la santé, la manipulation des produits de corps humain est aussi réglementée.

---

[243] Article 7 de l'ordonnance n°27/Hyg du 15 mars 1933 sur l'exercice de la pharmacie.

[244] Article 7 de l'ordonnance n°27/Hyg du 15 mars 1933. sur l'exercice de la pharmacie

[245] Article 62 de l'ordonnance n°27/Hyg. du 15 mars 1933 sur l'exercice de la pharmacie.

[246] Article 63 de l'ordonnance n°27/Hyg. du 15 mars 1933 sur l'exercice de la pharmacie.

Chapitre II.
Les produits du corps humain

171.- Enjeux juridiques du corps humain. Traditionnellement conçu comme étant indissociable de la personne qu'il abrite, le corps humain peut aujourd'hui être appréhendé à des fins utilitaristes[247]. Il est en effet possible d'utiliser les éléments et produits qui peuvent en être préalablement détachés. D'où la loi intervient en posant un certain nombre des principes pour des raisons éthiques. Il convient de voir les règles juridiques qui gouvernent le principe d'indisponibilité du corps (section I), le prélèvement d'organes (section II) et l'expérimentation sur l'être humain (section III).

Section I : Principe d'indisponibilité du corps humain

172.- Il nous paraît loisible de cerner la portée du principe d'indisponibilité du corps humain (§1) avant d'en relever l'exception (§2).

§1. Portée du principe d'indisponibilité du corps humain

173.- Le principe de l'indisponibilité du corps humain signifie que le corps humain est hors du commerce juridique, car n'étant pas une chose ; il ne peut faire l'objet de convention à caractère patrimonial[248]. L'article 68 alinéa 1 de la loi n° 18/035 du 13 décembre 2018 relative à la santé publique telle que modifiée et complétée à ce jour,

---

[247] J-R BINET, *op.cit.,* p. 169.
[248] AMISI HERADY, *op. cit*, p.47.

pose clairement le principe en disposant que : « *Tout trafic de sang, tissu et autre organe humain est interdit* ». Et l'article 16 alinéa 1 de la Constitution de renchérir que : « *La personne est sacrée* ».

En effet, pris dans sa globalité, le corps n'est autre que la personne. Son indisponibilité résulte de cette absence de distance entre le sujet et l'objet du droit. Pris dans ses parties, le corps morcelé n'évoque plus la personne.[249]

174.- En application du principe de l'indisponibilité du corps humain, la Cour de cassation française avait, dans une décision rendue à propos de la pratique des mères porteuses, précisé que : *« La convention par laquelle une femme s'engage, fût-ce à titre gratuit, à concevoir et à porter un enfant pour l'abandonner à sa naissance contrevient tant au principe d'ordre public de l'indisponibilité du corps humain qu'à celui de l'indisponibilité de l'état des personnes »*[250].

La maternité pour autrui est une pratique médicale qui pose des problèmes sur le plan de l'identité de la personne. Ce procédé implique qu'une femme accouche d'un enfant dans le but de le remettre ensuite au couple qui l'a préalablement commandé. De cette pratique médicale découlent deux procédés différents :

- L'un, sur celui des mères porteuses, dans lequel une femme accepte de porter l'embryon fécondé in vitro à partir des gamètes d'un couple, lorsque l'épouse éprouve des difficultés pour assurer elle-même la gestation. On est en face de ce qu'on peut appeler location d'utérus, car la femme se limite à porter l'enfant sans contribuer génétiquement du fait que l'ovule provient du couple demandeur.
- Le second procédé est celui de la maternité de substitution, qui consiste à inséminer une femme avec le

[249] J-R BINET, *op.cit.*, p. 170.
[250] Cass.fr. ass. Plén. 31 mai 1991 citée par J-R BINET, *idem.*

sperme du mari de la femme stérile. La mère de substitution se substitue pleinement au rôle maternel de l'autre, car l'enfant est conçu grâce à son apport génétique.[251]

§2. Exception au principe d'indisponibilité du corps humain

175.- Disponibilité restreinte à titre gratuit pour des raisons thérapeutiques. À titre exceptionnel, le corps humain ou mieux ses organes peuvent faire l'objet d'une convention à titre gratuit pour des raisons thérapeutiques. Tel est le cas de don des organes ou sangs humains pour sauver la vie d'une personne malade. La gratuité permet d'éviter que les personnes sans ressources ne se vendent en pièces détachées. Le principe d'anonymat, qui empêche que le donneur connaisse l'identité du receveur, renforce cette garantie. Par ailleurs, ces actes ne peuvent être accomplis, la plupart du temps, que dans l'intérêt thérapeutique d'autrui et à la condition d'avoir préalablement consenti.[252]

Section II : Le prélèvement d'organes, de tissus et de cellules sur la personne

176.- Le prélèvement d'organes, de tissus et de cellules peut être fait sur la personne vivante (§1) ou décédée (§2).

§1. Prélèvement d'organes, de tissus et de cellules sur un donneur vivant

177.- Prélèvement fait pour l'intérêt thérapeutique d'autrui. Le prélèvement d'organes, de tissus et de cellules peut être pratiqué sur un donneur vivant. Il est toutefois conçu par le législateur comme un recours subsidiaire, car

---

[251] R. ANDORNO, *La bioéthique et la dignité de la personne humaine*, Paris, PUF, 1997, p.100.

[252] Article 66 de la loi n°18/035 du 13 décembre 2018 relative santé publique.

il peut entraîner de lourdes conséquences d'ordre physiologique ou psychologique pour le donneur[253]. Le prélèvement d'organes sur une personne vivante, qui en fait le don, ne peut être effectué que dans l'intérêt thérapeutique d'un receveur malade en quête de la guérison. Contrairement à ce qui est pour le prélèvement sur la personne décédée, le donneur a la garantie que l'organe qui lui est prélevé ne peut être utilisé à des fins scientifiques. À vrai dire, cela relève de l'application du principe d'inviolabilité du corps humain en vertu duquel l'atteinte à l'intégrité corporelle n'est légitime que si elle poursuit un intérêt médical pour la personne qui en est l'objet ou un intérêt thérapeutique pour autrui, comme nous l'avons précédemment étudié.[254]

178.- Consentement éclairé et écrit du donneur capable. Le consentement du donneur doit être éclairé des informations suffisantes sur les risques qu'il encourt par rapport au prélèvement et exprimé par écrit. Cela ressort clairement de la lecture attentive de l'article 66 alinéa 1 de la loi n° 18/035 du 13 décembre 2018 relative à la santé publique qui dispose que : « *Toute transplantation d'organes ou autres tissus humains est soumise au consentement éclairé et écrit du donneur et du receveur* ».

179.- Cas spécifique des donneurs incapables-consentement-autorité compétente. Le prélèvement d'organes, de tissus et de cellules sur un donneur mineur ou majeur incapable est effectué à titre exceptionnel et soumis à des conditions rigoureuses. Aux termes de l'article 65 de la loi n° 18/035 du 13 décembre 2018 précitée « *L'autorité compétente, pour autoriser à titre exceptionnel le prélèvement de tissus ou cellules régénérables sur une personne mineure ou incapable de discernement, est selon le cas, le juge du tribunal pour enfants ou celui du tribunal*

---

253 J-R BINET, *op. cit.*, p.174.

254 Voy. Supra n°75.

de grande instance, après avis des père et mère ou de l'un d'eux si l'autre parent est décédé ou encore du tuteur si les deux parents ne sont plus en vie et du ministère public ».

Pour ce qui est des majeurs incapables [255], leur prélèvement d'organes, de tissus et de cellules ne peut être autorisé par le tribunal de paix qu'après avis du curateur conformément au droit commun.[256]

§2. Prélèvement d'organes, de tissus et de cellules sur un donneur décédé

180.- Principe. Le prélèvement d'organes, de tissus ou de cellules sur une personne décédée est autorisé avec le consentement écrit, libre et éclairé du défunt ou de ses ayants droit, dit l'article 64 de la loi n° 18/035 du 13 décembre 2018 relative à la santé publique. En matière de prélèvement d'organes sur une personne décédée, l'exigence d'un consentement exprès supposerait de ne pouvoir prélever que sur des personnes ayant, de leur vivant, manifesté leur volonté dans ce sens. C'est pourquoi, l'usage des tissus et organes d'une personne morte de suite d'un accident ou de maladie est interdit si elle n'en a pas donné préalablement son consentement par écrit.[257]

181.- Exception. Si le défunt n'avait ni consenti ni refusé le prélèvement d'organes ou de tissus de son vivant, ses ayants droit peuvent y autoriser, et ce, en vertu de l'article 66 in fine de la même loi précitée. L'autopsie ne peut être pratiquée sur un cadavre que pour raison

---

[255] L'article 215 du code de la famille énumère limitativement les personnes incapables en disposant que : *« Sont incapables aux termes de la loi : -les mineurs ; - les majeurs aliénés interdits ; - les majeurs faibles d'esprit, prodigues, affaiblis par l'âge ou infirmes placés sous curatelle »*.

[256] Article 313 du code de la famille.

[257] Article 66 alinéa 2 de la loi n°18/035 du 13 décembre 2018 relative santé publique.

scientifique ou d'enquête judiciaire[258]. Elle consiste en une opération chirurgicale exécutée sur un cadavre, dans un dessein judiciaire ou scientifique, afin de déterminer avec précision la cause du décès et les circonstances qui entourent celui-ci[259].

L'autopsie judiciaire peut être ordonnée par le juge, l'officier du ministère public et, en cas de flagrance, par l'officier de police judiciaire à compétence générale.

L'autopsie judiciaire ne pose pas de problème particulier au médecin, dans la mesure où celui-ci n'y procède que sur réquisition de l'autorité judiciaire compétente, et qu'il ne peut en conséquence, engager sa responsabilité que dans deux cas[260] :

- Lorsqu'il n'obtempère pas la réquisition (article 52 du Code de procédure pénale) ;
- Lorsqu'il fait un rapport qui, de toute évidence, constitue un manquement à la vérité et justifie ainsi les peines prévues pour faux témoignage.

L'autopsie scientifique, *quant à elle*, est réglementée par l'ordonnance n° 78/179 du 26 avril 1978.

Elle est praticable dans les cliniques universitaires et les formations médicales déterminées par le ministre ayant la santé publique dans ses attributions, si le médecin - chef de service juge qu'un intérêt scientifique ou thérapeutique le commande[261].

L'article 2 de l'ordonnance prévoit la possibilité pour le défunt de léguer, de son vivant, son corps aux fins de l'autopsie scientifique, librement et sans conditions.

---

[258] Article 67 de la loi n°18/035 du 13 décembre 2018 relative santé publique.

[259] NYABIRUNGU mwene SONGA, *op. cit*, p.57.

[260] *Idem*.

[261] *Ibid.*, p.58.

[261] *Ibid.*

À défaut d'un consentement libre et éclairé donné en temps utile, les ayants - droit peuvent autoriser l'autopsie, à condition que rien ne puisse faire présumer que, de son vivant, il aurait exprimé une volonté contraire, comme souligné précédemment.

Sanctions : les infractions à l'ordonnance n° 78/179 du 26 avril 1978 sont punies d'une servitude pénale d'un à six mois et d'une amende.

Section III : Expérimentations sur l'être humain

182- Énoncé du plan. L'expérimentation sur l'être humain est juridiquement envisagée sous les recherches biomédicales. Quid de la justification de la recherche biomédicale (§1) et de l'autorité compétente (§2) qui en détermine les conditions ? (§3).

§1. *Ratio legis* de la recherche biomédicale impliquant des sujets humains

183.-La justification éthique de la recherche biomédicale impliquant des sujets humains réside, comme le souligne la ligne directrice en la matière, dans la perspective de découvrir de nouveaux moyens d'améliorer la santé de chacun.[262]

Concrètement, la recherche biomédicale repose sur « *les techniques, les observations et les protocoles utilisés dans le but de contribuer au développement de nouvelles connaissances ayant pour objet la personne, les organes, les tissus, cellules et autres produits issus du corps humain ou les fichiers d'information personnelle* »[263].

---

[262] Ministère de la santé publique, Les lignes directrices…, *op.cit.*, p.7.

[263] Article 69 de la loi n°18/035 du 13 décembre 2018 relative santé publique.

Pareille recherche ne peut être éthiquement[264] justifiable que si elle est conduite d'une manière qui respecte et protège les sujets de la recherche ; et qui soit équitable et moralement acceptable dans les communautés où la recherche est effectuée.

Les chercheurs et promoteurs doivent veiller à ce que les études proposées impliquant des sujets humains se conforment à des principes scientifiques généralement acceptés et qui reposent sur une connaissance adéquate et démontrée de la littérature scientifique pertinente. La possibilité d'obtenir des informations qu'il serait impossible de recueillir par d'autres moyens, le bien-fondé scientifique de la recherche, et la compétence des chercheurs et autres personnels de recherche doivent être les caractéristiques essentielles de toute recherche éthiquement justifiée impliquant des sujets humains. Bien plus, les méthodes employées doivent être appropriées aux objectifs de la recherche et à la discipline, c'est-à-dire être conforme aux principes scientifiques et éthiques internationaux reconnus et approuvés.

Les promoteurs doivent également veiller à ce que « *toute personne participant à la conduite des travaux de recherche soit qualifiée en vertu de sa formation et de son expérience pour s'acquitter avec compétence de son rôle. Ces considérations doivent être dûment reflétées dans le protocole de recherche présenté pour évaluation et autorisation aux comités d'éthique ainsi qu'aux comités scientifiques ou aux autorités nationales compétentes* »[265].

§2. Autorité compétente en matière de la recherche biomédicale

184.- Comité National de Bioéthique. L'organisation de contrôle des recherches biomédicales est assurée par le

---

[264] D. BORRILLO, *Bioéthique*, 2e édition, Paris, Dalloz, 2022, p.x.

[265] Ministère de la santé publique, *Les lignes directrices…*, *op.cit.*, p.7.

Comité National de Bioéthique qui a pour mission, aux termes de l'article 63 de la loi n° 18/035 du 13 décembre 2018 relative à la santé publique, de (d) :

« - *examiner les questions d'éthique liées à l'expérimentation et à l'application des progrès des sciences biologiques à la médecine humaine ;*
- *fixer et déterminer l'organisation et la procédure de la recherche biomédicale sur les sujets humains ;*
- *veiller à l'application des règles et procédures en matière de transplantation des organes et des tissus humains, transfusion sanguine et d'autopsie ;*
- *donner des avis pour l'agrément des protocoles d'études sur les sujets humains et veiller à l'application des critères et conditions y afférents ;*
- *procéder à l'évaluation éthique des projets de recherche ;*
- *veiller à la préservation des droits, à la sécurité et au bien-être des sujets de recherche.* »

§3. Conditions de licéité de la recherche biomédicale

185.- Les conditions tant de forme que de fond sont déterminées dans les lignes directrices pour l'évaluation éthique de la recherche impliquant des sujets humains en en RD Congo, élaborées par le Comité National de Bioéthique[266]. Cependant, il sied de préciser dans le cadre réduit de cet ouvrage que trois conditions de fond nous paraissent essentielles parmi tant d'autres, pour l'admission de la licéité d'une recherche portant sur l'être humain : elle doit avoir pour finalité le progrès médical, le consentement libre, éclairé et préalable du sujet de recherche ainsi que la sécurité de ce dernier.

À côté de la problématique des produits humains que nous venons de passer en revue au deuxième chapitre, il y a également la sempiternelle question de la reproduction humaine.

---

[266] *Idem.*

Chapitre III.
La reproduction humaine

186.- Plan. Sous ce chapitre nous abordons successivement l'assistance médicale à la procréation (section I) et l'interruption de la grossesse (section II).

Section I. L'assistance médicale à la procréation

187.- Définition. L'assistance médicale à la procréation s'entend « *des pratiques cliniques et biologiques permettant la conception in vitro, le transfert d'embryon et l'insémination artificielle ainsi que toute technique d'effet équivalent permettant la procréation en dehors du processus naturel*[267]. » En effet, dans la société congolaise l'infécondité ou la stérilité sont considérées comme de mauvais sorts jetés sur un couple ou une tare sociale. Le développement des technologies de la reproduction et de la fécondation in vitro, permet à ce jour, à certains couples congolais infertiles d'avoir des enfants[268]. D'où le droit congolais de la santé intervient pour déterminer les conditions de licéité de cette pratique nouvelle (§1) et la pratique interdite (§2).

---

[267] Article 3 point 4 de la loi n°18/035 du 13 décembre 2018 relative santé publique.

[268] I. MVAKA NGUMBU, *La lutte contre la néo criminalité procréative en RDC. Esquisse de politique criminelle applicable dans un domaine de Bioéthique*, Thèse de doctorat en droit, UNIKIN, 2011, p. 23.

§1. Conditions de licéité de l'assistance médicale à la procréation

Il y a les conditions relatives au couple (A) et causes du recours à la procréation (B).

A. Condition relative au couple

188.- Exclusion de couple de même sexe. Le couple doit être formé d'un homme et d'une femme. La précision est assez importante, car le droit congolais ne reconnaît pas le mariage homosexuel. Cette condition résulte de la définition légale du mariage prévue à l'article 330 du code de la famille qui dispose : « *Le mariage est l'acte civil, public et solennel par lequel un homme et une femme...* ». L'homme et la femme doivent être mariés pour solliciter l'assistance médicale à la procréation. À cet effet, l'article 80 de la loi de la loi n° 18/035 du 13 décembre 2018 relative à la santé publique précise que *« Les conjoints peuvent bénéficier, à leur demande et dans le respect de l'ordre public sanitaire et de bonnes mœurs, d'une assistance médicale s'étendant à des pratiques cliniques et biologiques permettant la conception in vitro, la conservation des gamètes, tissus germinaux et des embryons, le transfert d'embryons et l'insémination artificielle ».* Cela revient à dire que les personnes non mariées qui vivent dans une union de fait et les célibataires n'ont pas droit à l'assistance médicale à la procréation.

B. Conditions relatives aux causes

189.- La procréation peut être médicalisée pour deux raisons : remédier à l'infertilité d'un couple ou éviter la transmission d'une maladie d'une particulière gravité, dit l'article 80 alinéa 2 de la loi précitée.

190.- Infertilité pathologique du couple. Le législateur précise que l'infertilité à laquelle l'assistance médicale a pour objet de remédier doit avoir un caractère pathologique médicalement diagnostiqué[269]. Ainsi, le couple doit être dans l'impossibilité de procréer naturellement, ce qui écarte toute hypothèse d'assistance médicale à la procréation de confort ou de fantaisie. Les règles de bonne pratique posent le diagnostic de l'infertilité comme la première action réalisée lors d'une demande d'inclusion dans une technique d'AMP.[270] L'âge du couple, la durée de l'infertilité, les éventuelles causes d'ordre psychologique sont pris en compte pour l'établissement de ce diagnostic[271].

191.- Non-transmission à l'enfant ou à un conjoint d'une maladie grave. L'assistance médicale à la procréation doit également trouver sa justification dans le souci d'éviter la transmission de maladie d'une particulière gravité soit chez l'enfant à naître soit chez un conjoint.

S'agissant de l'enfant, ce sont principalement les maladies ou anomalies génétiques que le législateur a eues en vue. Pour ne pas transmettre un patrimoine génétique porteur de l'anomalie, il est alors envisageable d'avoir recours à une insémination avec tiers donneur. Si le patrimoine de la mère est altéré, il s'agira de se procurer un ovocyte, alors qu'il faudra avoir recours à un don de sperme si le problème vient du père[272].

Quant à la non-transmission à l'autre conjoint, la maladie ciblée ne peut plus être génétique. C'est souvent la transmission virale que le législateur a eue en vue. La technique d'assistance à la procréation permet donc d'éviter le rapport sexuel et la contamination qu'il engendre dans ce genre de situations. Les bonnes pratiques en matière d'assistance médicale à la procréation envisagent des

---

[269] Article 80 alinéa 2 de la loi de la loi n°18/035 du 13 décembre 2018 relative à la santé publique.

[270] J-R BINET, *op. cit.,* p. 145.

[271] *Idem.*

[272] *Ibid.*

mesures spécifiques dans le contexte de l'infection par le virus d'immunodéficience humaine.

- ***Quid de la contestation de paternité d'un enfant conçu par voie d'insémination artificielle en droit congolais ?***

Le droit congolais n'admet pas la contestation de la paternité d'un enfant conçu par voie d'insémination artificielle lorsque celle-ci ; a été faite avec le consentement écrit du mari. C'est ce qui ressort clairement de l'article 609 du code de la famille qui dispose que : « *La contestation de paternité n'est pas recevable s'il est établi que l'enfant a été conçu par voie d'insémination artificielle, avec le consentement écrit du mari* ». La filiation de cet enfant s'établit donc de la même façon que pour celui qui est né de procédé naturel. L'écrit demeure dans ce cas, nécessaire, pour des raisons probatoires.

§2. Pratique interdite : clonage humain reproductif

192.- Interdiction formelle. L'article 78 de la loi n° 18/035 du 13 décembre 2018 relative à la santé publique dispose que : « *Tout clonage humain reproductif est interdit* ». On entend par clonage humain reproductif toute « *technique consistant à créer un embryon hors du corps humain, ou une autre personne à partir d'un embryon humain génétiquement identique* »[273]. La fermeté de l'interdiction résulte de l'unanimité de la condamnation de ces pratiques sur la scène internationale[274] et du consensus, au moins implicite, concernant l'atteinte à la dignité

[273] Article 3 point 8 de la loi n°18/035 du 13 décembre 2018 relative à la santé publique.

[274] Lire : la Convention pour la protection des droits de l'homme et de la dignité de l'être humain à l'égard des applications de la biologie et de la médecine du 4 avril 1997 disponible sur : https://rm.coe.int/168007cf99 et la Déclaration universelle sur la bioéthique et les droits de l'homme du 19 octobre 2005.

humaine et à la sécurité juridique que constituerait cette forme de reproduction humaine.

Section II : L'interruption de la grossesse

Deux points sont ici abordés, le principe posé par la loi en la matière (**§1**) et son exception (**§2**).

§1. Principe de l'interdiction d'interruption de la grossesse

193.- **L'interruption volontaire de la grosse est interdite**. Cette interdiction trouve son fondement, aux articles 85 de loi n° 18/035 du 13 décembre 2018 relative à la santé publique et 211 du Code de la famille (A) ainsi aux articles 165, 166 du Code pénal congolais livre II (B).

A. Interdiction tirée des articles 85 de la loi n° 18/035 du 13 décembre 2018 relative à la santé publique et 211 du code de la famille

194.- En effet, l'interruption volontaire de la grosse est interdite par loi. Elle ne constitue aucunement une méthode de planification familiale, précise l'article 85 de la loi n° 18/035 du 13 décembre 2018 relative à la santé publique. L'article 211 du Code de la famille quant à lui, considère l'embryon comme une personne à laquelle il faut préserver la vie. Il dispose que : « *Sauf les exceptions établies par la loi, toute personne jouit des droits civils depuis sa conception* » et parmi les droits civils nous avons en premier lieu, le droit à la vie[275].

---

[275] Article 16 de la Constitution du 18 févier 2006 telle que modifiée et complétée à ce jour.

B. Interdiction tirée des articles 165 et 166 du Code pénal congolais livre II

195.- L'avortement volontaire est une infraction. L'avortement est l'utilisation des procédés destinés à provoquer artificiellement l'expulsion prématurée du produit de la conception. En d'autres termes, l'avortement consiste dans des pratiques ou manœuvres tendant à interrompre artificiellement la grossesse en provoquant l'expulsion avant terme du fœtus, quel que soit le stade du développement de celui-ci et indépendamment de sa viabilité[276]. L'avortement volontaire est réprimé par la loi comme le précise Bonny CIZUNGU : « *Malheur à qui profane la beauté innocente de la vie humaine ; malheur à qui en méconnaît le droit essentiel, celui d'exister, ou l'anéantit dès son origine. La loi punit celui qui a fait avorter une femme. La loi punit aussi la femme qui, volontairement, s'est fait avorter* »[277].

Il y a lieu de distinguer l'avortement par autrui prévu et puni à l'article 165 du Code pénal congolais de l'avortement sur soi-même consacré à l'article 166 du même code. Le premier (avortement par autrui) est le fait de quiconque, par divers moyens, fait avorter une femme, que celle-ci y consente ou non. Le second (avortement sur soi-même) est celui que la femme se procure elle-même. Le médecin, l'infirmier ou toute autre personne peut provoquer l'avortement d'une femme enceinte. Ils le peuvent par ruse, violence, curetage, administration des produits pharmaceutiques abortifs ou indigènes, ou en usant de tout autre procédé. Ils sont, dès lors, qualifiés de coauteurs de l'avortement. Dans ce cas, ils seront punis sur la base des

---

276 LIKULIA BOLONGO, *Droit pénal spécial zaïrois*, Paris, T1, 2e éd, LGDJ, 1985, p.295.

277 B. CIZUNGU M. NYANGEZI, *op. cit, p.79.*

articles 21 du Code pénal, livre I, et 165 du Code pénal livre II.[278]

196.- Sanctions et responsabilités. L'avortement sur soi-même, l'avortement par autrui ainsi que le complice d'un avortement sur soi-même ou par autrui, ne sont pas punis des mêmes peines. La femme qui se sera fait avorter volontairement encourt cinq à dix ans de servitude pénale (*art. 166 du code congolais livre II).* Le médecin, la sage-femme, le pharmacien, l'infirmier ou toute autre personne qui par des aliments, des breuvages, des médicaments, des violences ou autres moyens, aura fait avorter une femme, sera puni de cinq à quinze ans de servitude pénale (*art. 165 du Code pénal congolais livre II).*

Celui ou ceux qui auront provoqué l'infraction d'avortement, fourni des instructions ou renseignements ainsi que des instruments ou moyens et de l'aide ou de l'assistance, sont des complices. Les complices seront punis d'une peine qui ne dépassera pas la moitié de la peine qu'ils auraient encourue s'ils avaient été eux-mêmes auteurs. La victime quant à elle, a droit aux dommages et intérêts.

§2. Exceptions au principe de l'interdiction d'interruption de la grossesse

197.- Il y a des cas où l'avortement est permis par la loi, ce que nous qualifions ici d'exceptions parce qu'ils dérogent au principe de l'interdiction d'interruption volontaire de la grossesse, analysé précédemment. Il s'agit de l'avortement thérapeutique (A) et de l'avortement eugénique (B), l'avortement en cas d'agression sexuelle, viol et inceste (C).

[278] *Idem.*

A. Cas de l'avortement thérapeutique

198.- Définition. L'avortement thérapeutique appelé « *interruption médicale de grossesse ou encore interruption thérapeutique de grossesse désigne une interruption de grossesse pratiquée pour des raisons médicales concernant le fœtus ou la mère* »[279]. À cet effet, l'article 86 alinéa 1 de la loi n° 18/035 du 13 décembre 2018 relative à la santé publique dispose que : « *L'avortement thérapeutique est autorisé lorsqu'il vise à préserver la vie de la mère.* » Le législateur vise *ici* l'hypothèse où le médecin est confronté à une situation complexe qui l'oblige à faire le choix entre la vie ou la mort de la mère et le maintien de la grossesse. Dans ce cas, il est autorisé, après un diagnostic sérieux constatant l'impossibilité de maintenir la grossesse, à faire l'avortement.

B. Cas de l'avortement eugénique

199.-Définition. L'avortement eugénique est une interruption médicale de la grosse dans le but de contribuer à l'obtention d'une génération idéale ou l'extinction d'une caractéristique physique, mentale ou génétique particulière. Il peut viser toutes sortes de caractéristiques des fœtus notamment déficience intellectuelle ou physique, sexe, couleur de peau… En définitive, est une interruption médicale de la grossesse à cause du mauvais état de la santé de l'enfant à naître (malformation ou un handicap grave).

Aux termes de l'article 86 alinéa 2 de la loi n° 18/035 du 13 décembre 2018 relative à la santé publique il « *est également autorisé l'avortement eugénique en cas de malformations congénitales du fœtus incompatibles avec la vie* ».

---

[279] Https://fr.wikipédia.org.

C. Cas de l'avortement pour causes d'agression sexuelle, de viol et d'inceste

200.- Base légale. L'article 14 point 2-c du Protocole à la Charte Africaine des droits de l'homme et des peuples relatif aux droits des femmes, adopté par la deuxième session ordinaire de la conférence de l'Union Africaine à Maputo, le 11 juillet 2003, dispose que : « *Les États prennent toutes les mesures appropriées pour : () protéger les droits reproductifs des femmes, particulièrement en autorisant l'avortement médicalisé, en cas d'agression sexuelle, de viol, d'inceste et lorsque la grossesse met en danger la santé mentale et physique de la mère ou la vie de la mère ou du fœtus* ».

Ce protocole a été pris en exécution de l'article 66 de la Charte africaine des droits de l'homme et des peuples opposable à la République démocratique du Congo en tant que l'un des États signataires[280]. Il est donc permis au médecin de procéder à l'avortement médicalisé en cas d'agression sexuelle, de viol et d'inceste, étant donné que ces évènements laissent à la femme victime, des mauvais souvenirs susceptibles de porter atteinte non seulement à sa personne, mais également à l'honneur de toute sa famille.

201.- Procédure. Dans tous les cas d'avortements autorisés par la loi précitée, le consentement écrit du malade est nécessaire comme nous l'avons vu précédemment. Si le malade est incapable de discernement, le médecin qui procède à une intervention susceptible de provoquer une interruption permanente de fécondité doit solliciter l'autorisation écrite du conjoint, des parents ou du tuteur, sauf en cas d'urgence. En cas d'absence du conjoint, des

[280] Lire la Loi n°06/015 du 12 juin 2006 autorisant l'adhésion de la République démocratique du Congo au Protocole à la Charte africaine des droits de l'homme et des peuples, relatif aux droits de la femme en Afrique, *in J.O.RDC*, numéro spécial du 14 mars 2018.

parents ou du tuteur l'autorisation est accordée par le tribunal compétent dans les vingt-quatre heures, sauf en cas d'urgence, après avis du ministère public (article 87 de la loi n° 18/035 du 13 décembre 2018 relative à la santé publique). L'analyse des systèmes de responsabilités et d'indemnisation des dommages liés aux soins paraît également nécessaire, qu'il convient sans détour d'aborder au titre trois.

TITRE III.
LES SYSTÈMES DE RESPONSABILITÉS ET INDEMNISATION DES DOMMAGES LIÉS AUX SOINS[281]

202. Vue d'ensemble. Dans le secteur des services, les soins de santé jouent un rôle à la fois primordial et très particulier. Une défectuosité du service entraîne presque toujours des conséquences d'une gravité majeure, puisqu'il s'agit d'une atteinte à l'intégrité physique ou psychique[282]. En effet, malgré toutes les avancées accomplies par la médecine, la relation de soins se traduit parfois par un échec, lorsque la maladie gagne du terrain et que le médecin ou l'ensemble du corps médical n'arrive plus malgré tous les efforts à la combattre. Tant que la médecine relevait d'une sorte de pouvoir surnaturel, on lui demandait en définitive peu de comptes[283]. Mais, avec le développement des progrès scientifiques, les individus ont de plus en plus, de difficultés à accepter les défaillances, qu'elles soient humaines ou simplement matérielles[284]. Cela correspond non seulement à une évolution de l'attente individuelle face

[281] A. KUMBA SHINDANO, *Accidents thérapeutiques et responsabilité civile…, op.cit.*, pp.491-498.

[282] J-L. FAGNART, « *Emergence de la protection des consommateurs de services de soins de santé* » in Droit de la consommation (DCCR), n°100-101, juillet - décembre 2013, pp.27-36.

[283] A. LAUDE, B. MATHIEU et D. TABUTEAU, *Droit de la santé*, 2e édition mise à jour, Paris, Thémis, 2009, p.447.

[284] M. BERNARD, *160 questions en responsabilité médicale*, 2e éd., S.P, ELSEVIER MASSON, 2010, p.109 et S.

à la médecine, mais aussi plus généralement, à une évolution de la société dans son rapport au droit.

Le présent titre a la prétention de retracer de manière générale, dans les domaines divers où s'exercent les activités de soins, les différentes natures de responsabilité que peuvent encourir les professionnels de santé dans l'exercice de leurs professions. Il va, en des termes clairs faire le point, de quelques problèmes essentiels qui se posent souvent lors d'une action thérapeutique. L'intérêt d'une pareille étude est évident, du fait qu'en matière d'accidents thérapeutiques les problèmes proviennent du caractère collectif de l'exercice de la médecine et de la pharmacie ; et plus généralement, du très grand nombre de paramètres de la responsabilité.

203.- Annonce du plan. Il paraît judicieux de cerner d'abord la notion de la responsabilité en droit (chapitre I) ; puis étudier les responsabilités tournées vers la sanction (chapitre II) et enfin celles tournées vers l'indemnisation (chapitre III).

Chapitre I.

Notions de l'accident thérapeutique et de la responsabilité en droit

Il est question dans ce chapitre ; d'aborder l'approche conceptuelle : définitions des termes par nous usités à savoir : l'accident thérapeutique (section I) et la responsabilité en droit (section II).

Section I : L'accident thérapeutique

203.- L'accident thérapeutique est le résultat inattendu dans le traitement ou l'opération, dû soit à une erreur, soit à une négligence, qui peut provenir d'un ou plusieurs médecins ou d'un dysfonctionnement du système de soins[285]. On peut encore dire que l'accident thérapeutique est un incident grave qui survient au cours et du fait d'un acte thérapeutique et dont l'importance et les conséquences débordent le praticien[286].

En d'autres termes, l'accident thérapeutique est ce qu'on appelle en médecine la pathologie iatrogène, c'est-à-dire celle qui est créée par le médecin lui-même, soit par un médicament soit par un geste qu'il peut effectuer[287].

Nous étant fixés sur la définition de l'accident thérapeutique, laquelle nous dévoile le prisme de l'acte fautif, de la négligence ou de l'erreur, voire du cumul

---

[285] C. LECLAINCHE et G. POQUET, *La responsabilité médicale et l'indemnisation du risque thérapeutique, Etat des lieux*, Paris, CREDOC, 1992, p.47.

[286] *Idem*.

[287] *Ibidem*, p.50.

d'erreurs. Il nous reste à voir ce qu'on entend par responsabilité en droit.

Section II : La responsabilité en droit

204.- La responsabilité en droit est l'obligation de répondre d'un dommage devant la justice et d'en assumer les conséquences civiles, pénales, disciplinaires, etc. ; soit envers la victime, soit envers la société[288]. En d'autres termes, la responsabilité désigne toute obligation qu'a l'auteur d'un dommage causé à autrui, de le réparer c'est-à-dire dans le cas d'espèce, l'obligation qu'ont les professionnels de santé de réparer le dommage causé aux patients dans le cadre de l'action thérapeutique.

La responsabilité ainsi définie ; se subdivise en plusieurs branches distinctes, aux appellations elles-mêmes spécifiques notamment : la responsabilité civile, pénale, administrative et disciplinaire.

À cet effet, la responsabilité est civile lorsqu'elle engendre l'obligation de répondre civilement du dommage causé à autrui c'est-à-dire de le réparer en nature ou par équivalent. Elle peut être délictuelle[289] ou contractuelle[290].

En revanche, la responsabilité est pénale lorsqu'il y a l'obligation de répondre de ses actes délictueux ou

---

[288] G. CORNU, *Vocabulaire juridique*, 10e édition mise à jour « Quadrige », Paris, PUF, 2014, p.916.

[289] La responsabilité civile est constituée au premier chef par les responsabilités délictuelle et quasi délictuelle, dans lesquelles l'acte dommageable illicite se traduit par la violation d'une obligation, quelle qu'en soit l'origine, légale au sens large, coutumière, jurisprudentielle), que l'acte soit volontaire (délit civil) ou involontaire (quasi- délit civil), par action voire même par omission, que le préjudice soit physique ou incorporel.

[290] Tandis que l'on parle de la responsabilité civile contractuelle lorsqu'il y a l'inexécution de l'une des obligations de contrat par le débiteur. En d'autres termes, il y a la responsabilité civile contractuelle en cas d'une défaillance contractuelle.

infractionnels et, en cas de condamnation, de subir la peine légalement prévue[291]. La différence entre la responsabilité civile et pénale se situe au niveau des buts poursuivis par les deux institutions.

Alors que la responsabilité civile est centrée sur la victime et la réparation de son préjudice, la responsabilité pénale quant à elle, vise la répression du comportement fautif c'est-à-dire considère l'agent pour le punir du trouble qu'il a causé à l'ordre social[292].

S'agissant de la responsabilité administrative, elle est l'obligation pesant sur une personne morale de droit public de réparer le dommage qu'elle a causé.

Enfin, quant à la responsabilité disciplinaire, c'est celle qui renvoie à la violation des règles déontologiques d'une profession déterminée et impose de sanctions disciplinaires au professionnel concerné.

---

[291] NYABIRUNGU mwene SONGA, *op. cit,* p.20.

[292] AMISI HERADY, « Repenser la responsabilité civile caricaturée à la COVID-19 à l'ère des progrès technique », in M-T. KENGE NGOMBA TSHILOMBAYI, *La réforme du droit des obligations en RD Congo, Mélanges à la mémoire du doyen Bonaventure Olivier KALONGO MBIKAYI*, Paris, Harmattan, 2020, pp.211-232.

Chapitre II.

Les responsabilités tournées vers la sanction

Les responsabilités tournées vers la sanction sont de deux sortes : la responsabilité pénale (section I) et la responsabilité disciplinaire (section II).

Section I : La responsabilité pénale

Il y a lieu de voir la finalité de la responsabilité pénale avant les conditions de sa mise en œuvre.

§1. La finalité de la responsabilité pénale

205.- Fonction répressive[293]. La responsabilité pénale vise à protéger la société en sanctionnant l'auteur d'une infraction ; celui-ci est condamné à une amende et/ou une peine d'emprisonnement. En ce sens, la responsabilité pénale se distingue de la responsabilité administrative et de la responsabilité civile qui poursuivent une finalité indemnisatrice, en cherchant à réparer un dommage causé à un individu. Toutefois, la responsabilité pénale n'exclut pas du tout la possibilité d'indemniser les préjudices subis par la victime, qui peut se constituer partie civile conformément à l'article 69 du code de procédure pénale[294].

206.- Caractère individuel de la responsabilité pénale, un principe constitutionnel. Aux termes de l'article 17 alinéa 8 de la constitution : « *La responsabilité*

---

[293] P. MISTRETTA, *Droit pénal médical. Contentieux médical, responsabilité pénale, droits du patient*, Paris, 2e éd, LGDJ, 2022, p.21.

[294] Il est régi par le Décret du 06 août 1959.

pénale est individuelle. Nul ne peut être poursuivi, arrêté, détenu ou condamné pour fait d'autrui. »[295] Dans la mesure où la responsabilité pénale vise à sanctionner l'auteur de l'infraction, elle revêt un caractère personnel. En effet, lorsque la responsabilité pénale d'un professionnel de santé est engagée, elle ne peut pas être assumée par l'employeur, contrairement à la responsabilité civile ou administrative, comme nous le verrons plus loin. La mise en jeu de la responsabilité pénale suppose que la personne mise en cause ait commis une infraction.

§2. Les conditions pour engager la responsabilité pénale

207.- Principe de légalité criminelle. La mise en jeu de la responsabilité pénale suppose que le professionnel de santé mis en cause ait commis une infraction. Il peut s'agir de l'une des trois catégories d'infraction : contravention, délit ou crime. Le principe de légalité des délits et des peines veut que la condamnation pénale soit possible qu'en vertu d'un texte pénal précis et clair.[296]

Ainsi, un acte peut être socialement voire moralement choquant, mais si aucun texte légal ne le qualifie d'infraction, il ne peut conduire à aucune peine. Donc le professionnel de santé ne peut être arrêté et emprisonné que pour un acte qualifié d'infraction par la loi conformément à la procédure de droit commun.

208.- Diversité des infractions touchant au droit de la santé. Les infractions intéressant le droit de la santé - et plus particulièrement les professionnels de santé - sont nombreuses et de nature variée, comme vue précédemment autour de chaque question spécifique.

---

[295] Article 17 alinéa 8 de la Constitution du 18 février 2006, telle que modifiée et complétée à ce jour.

[296] Article 1er du code pénal congolais, tel que modifié et complété à ce jour.

Section II : La responsabilité disciplinaire

Il convient également de voir la finalité, les conditions de mise en œuvre et les sanctions de la responsabilité disciplinaire.

§1. La finalité de la responsabilité disciplinaire

209.- Finalité répressive. Tout comme la responsabilité pénale, la responsabilité disciplinaire ne vise pas à réparer un dommage causé au patient, mais à sanctionner un manquement. Ce sont les violations des règles déontologiques qui sont sanctionnées. Le droit disciplinaire permet donc de contrôler le respect des règles professionnelles et de garantir le respect des règles de moralité, de probité et de compétence de la profession[297].

210.- Professionnels visés. Seuls certains professionnels de santé sont susceptibles de voir engager leur responsabilité disciplinaire. Celle-ci ne concerne en effet que les professions regroupées en ordre professionnel notamment : les médecins, les chirurgiens-dentistes, les pharmaciens, les infirmiers, … Tous ces professionnels peuvent voir leur responsabilité disciplinaire mise en cause, peu importe le mode ou le lieu d'exercice (en établissement de santé ou en cabinet libéral).[298]

§2. Les conditions pour engager la responsabilité disciplinaire

211.- L'existence d'un manquement aux règles déontologiques. La mise en jeu de la responsabilité disciplinaire suppose l'existence d'un manquement aux règles déontologiques de la profession. Celles-ci sont rassemblées dans les codes de déontologie des professions organisées en ordre. À cet effet, Doyen Raphaël

---

[297] A. DUBUIS, *op.cit.,* p.216.
[298] *Idem.*

NYABIRUNGU mwene SONGA souligne qu'« *il n'y a place pour la faute médicale proprement dite, c'est-à-dire la faute professionnelle, celle par laquelle le praticien viole l'engagement sacré qu'il a souscrit, que dans un ensemble de faits qui relèvent une trahison de la confiance mise en œuvre par un homme dans un autre homme, en raison de sa science et de sa conscience. Le fondement de la responsabilité médicale doit donc être recherché dans tout manquement de l'application, sous le contrôle éclairé d'une conscience scrupuleuse, des données acquises de la science en chacune des circonstances où un praticien accomplit un acte de sa profession* »[299].

Ces manquements peuvent concerner aussi bien les devoirs généraux de la profession comme l'indépendance professionnelle ou l'interdiction de faire de la publicité, les devoirs envers les patients, dont l'information et le respect du consentement, que les devoirs envers les confrères comme le devoir de confraternité.

§3. Les sanctions disciplinaires

212-. Le professionnel mis en cause devant le juge disciplinaire s'expose au prononcé de sanctions disciplinaires. La sanction est plus ou moins lourde, en fonction de la gravité du manquement. Il existe cinq types de sanctions : l'avertissement, le blâme, l'interdiction d'exercer certaines activités de la profession, l'omission au tableau de l'ordre et enfin - pour la plus lourde - la radiation au tableau de l'ordre.

---

[299] NYABIRUNGU mwene SONGA, *op.cit.*, p.61.

Chapitre III.

Les responsabilités tournées vers l'indemnisation

213.- Finalité de la responsabilité indemnitaire. Alors que les responsabilités pénales et disciplinaires sont tournées vers la sanction, certaines responsabilités poursuivent une finalité indemnisatrice[300]. Le professionnel ou l'établissement de santé doit répondre du dommage qu'il a causé par le versement d'une somme d'argent, destiné à réparer le préjudice subi par le patient.

Les responsabilités tournées vers l'indemnisation sont : la responsabilité civile personnelle du professionnel de santé (section I) et la responsabilité civile de l'établissement de santé (section II). Puis nous allons aussi examiner la complexité des responsabilités en cas d'exercice collectif de la médecine et de la pharmacie (section III).

Section I : La responsabilité civile personnelle du professionnel de santé

Il nous paraît loisible d'examiner les conditions (§1) et la mise en œuvre de la responsabilité civile individuelle du professionnel de santé (§2).

---

[300] M.T. KENGE NGOMBA TSHILOMBAYI, *Droit civil : les obligations*, Paris, Harmattan, 2017, p. 117, - lire également LUTUMBA WA LUTUMMBA, *Droit civil des obligations*, Kinshasa, Ed. M.E.S, 2020.

§1. Les conditions de la responsabilité individuelle du professionnel de santé

214.- Qu'elle soit contractuelle ou délictuelle, la responsabilité civile du professionnel de santé ne peut être établie que lorsque les trois conditions de droit commun sont réunies à savoir : la faute (A), le dommage (B) et le lien causal entre ces deux éléments (C). Ces conditions résultent des articles 258 et 259 du Code civil congolais livre III.

A. L'exigence d'une faute à l'origine du dommage

215.- Diversité des fautes : **faute technique et faute d'humanisme.** La notion de **faute technique** désigne *« l'erreur commise dans le choix et l'exécution de l'acte de soins. Pour pouvoir engager la responsabilité du praticien ou de l'établissement de santé, l'erreur doit être fautive ; il revient au juge d'apprécier ce caractère fautif. L'erreur est fautive lorsqu'elle n'aurait pas été commise par un professionnel diligent et avisé placé dans les mêmes circonstances »* [301] . Différents types d'erreurs sont possibles : l'erreur de diagnostic, qui peut être fautive lorsque l'établissement du diagnostic a été réalisé en méconnaissant les données acquises de la science ; l'erreur dans le choix du traitement ou de la prescription ; l'erreur dans l'exécution du geste professionnel (par exemple au cours d'une intervention chirurgicale ou d'une manipulation), qui peut être fautive en cas d'imprudence, de maladresse ou de négligence.[302]

216.- Illustration : seules seront répréhensibles et engageront la responsabilité du professionnel de santé, les erreurs constitutives de fautes, qui établissent que le médecin par exemple, n'a pas procédé consciencieusement

---

[301] A. DUBUIS, *op. cit.,* p. 223.

[302] Idem.

à l'examen du cas, n'a pas cherché du diagnostic, a fait montre d'une ignorance grave ou d'une négligence coupable [303] ; comme l'a toujours souligné la jurisprudence :

- En 1934, déjà le Tribunal civil de la Seine, avait sanctionné la responsabilité de deux médecins ayant soigné pendant un mois et demi pour paratyphoïde une femme non atteinte de cette maladie, alors qu'un sérodiagnostic eût écarté tout doute à cet égard[304] ;
- En 1950, le Tribunal de première instance de Léopold ville, avait condamné pour homicide involontaire, un médecin qui avait prescrit 13 centimètres cubes de quinine au lieu de 13 centigrammes[305].
- En 1951, la Cour d'Appel de Montpellier, avait retenu la responsabilité d'un médecin qui au début d'une fièvre typhoïde avait omis de faire procéder à des analyses bactériologiques et qui avait même, circonstance aggravante, négligé de consulter les résultats d'analyse que le malade avait lui-même fait effectuer[306] ;
- En 1975, le Tribunal de première instance de Kinshasa, a condamné un médecin consulté pour homicide involontaire, pour avoir refusé l'hospitalisation à un malade grave. Celui-ci avait succombé pour n'avoir pas bénéficié des soins adéquats et suivis sous la surveillance d'autres praticiens.[307]

217.- La faute d'humanisme est également appelée « faute déontologique » ou « faute éthique » [308]. Elle se

---

[303] Articles 258 et 259 du décret du 30 juillet 1888 portant contrats ou obligations conventionnelles.

[304] Trib. Civ. Seine, 13-1-1934, G.P, 1934, I. 521 ; cité par J. BRUNHES, *op.cit.,* p.74.

[305] Ière Inst. Léo, 15 avril 1950, R.J.C.B, 152.

[306] C.A, Montpellier 4 juin 1951, J.C P ; 51, iv, 165.

[307] Ière Inst. Kin., 11 décembre 1975, Inédit, R.P.A, 13.157, cité par NYABIRUNGU mwene SONGA, *op.cit.,* p.37.

[308] A. DUBUIS, *op.cit.,* p. 224.

rapporte aux obligations incombant au professionnel de santé dans sa relation avec le patient. Une telle faute peut notamment être liée à : l'obligation d'information ; le respect du refus de soins exprimé par le patient ; ou encore à l'obligation d'assurer la continuité des soins ; la violation du secret médical, le recueil du consentement.

218.- Illustration de faute d'humanisme commise par un médecin, face au refus de transfusion sanguine d'un malade témoin de Jéhovah. Il arrive que les médecins soient confrontés au problème du refus, par conviction philosophique ou religieuse, de la thérapeutique par transfusion sanguine. C'est le cas notamment lorsque le patient est témoin de Jéhovah. Cette religion considère que la loi divine interdit de manger le sang, voire ordonne de s'abstenir du sang. Ainsi, sont interdites aussi bien l'ingestion du sang par la bouche que son injonction dans les veines[309].

La question qui se pose est celle de savoir quelle attitude que doit prendre le médecin traitant, lui dont le devoir est de soigner et de sauver la vie, face au refus précis et déterminé d'un malade ?

L'article 25 de l'ordonnance n° 70-158 du 30 avril 1970 relative à la déontologie médicale répond à cette question en disposant que : « *Le médecin doit respecter les convictions de ses patients. Il aide ceux-ci dans leurs intérêts religieux, moraux ou matériels.* ».

À la lecture de cette disposition réglementaire, le médecin dont le refus de la transfusion sanguine lui est opposé pour des raisons de convictions religieuses, ne peut imposer au malade, la thérapeutique par transfusion sanguine. Au demeurant, le droit de consentir reconnu au malade étudié précédemment, selon lequel il doit donner préalablement son accord à tout acte médical, consolide davantage cette position.

---

309 NYABIRUNGU mwene SONGA, *op.cit.*, p.55.

Est-ce pour autant dire que face à cette situation le médecin doit croiser les bras, pour ne rien faire ? Nous répondons à la négative, car le refus de la transfusion sanguine pour des raisons philosophiques ou religieuses ne dispense pas le médecin d'essayer d'autres thérapeutiques de remplacement, si celles-ci existent. Cela se justifie du fait que si le malade a renoncé à un traitement déterminé, il n'a pas par-là, renoncé à tout autre qui puisse améliorer sa santé ou le sauver de la mort.

219.- En revanche, le médecin qui, face au refus, procéderait à une transfusion sanguine, par la force ou la ruse engagerait sa responsabilité civile et pénale pour voies de fait, voire pour homicide par imprudence ou volontaire si un dommage grave ou une mort d'homme s'ensuivait[310]. De même le médecin qui, face au refus, se croirait dégagé de tout effort de soins alors que d'autres possibilités de traitement existent, engagerait sa responsabilité pénale et civile, au moins pour non-assistance à personne en danger.[311]

220.- Exception au principe de l'exigence de la faute : cas de chirurgie esthétique. Dans le domaine de la chirurgie esthétique[312] qui cherche non pas à guérir une maladie, mais à redresser une imperfection physique ne nuisant en rien à la santé, la responsabilité du médecin est appréciée plus sévèrement surtout quand celui-ci est intervenu sans nécessité ou, a fortiori, sans l'accord du patient. Cette responsabilité est objective, c'est-à-dire sans faute, les obligations de l'esthéticien étant unanimement

---

[310] NYABIRUNGU mwene SONGA, *op.cit.*, p.56.

[311] *Idem.*

[312] MUTEBA TSHIMANGA, « Les différentes natures de la responsabilité médicale en droit congolais », in M-T. KENGE NGOMBA TSHILOMBAYI (sous dir.), La réforme du droit des obligations en RD Congo, *op. cit.*, p.255.

considérées comme des obligations de résultat[313]. Mais lorsque l'intervention est curative, le critère de la faute est recherché dans la disproportion entre le résultat à obtenir et le risque à courir. Ainsi, « *a été condamné un chirurgien esthéticien qui avait voulu traiter aux rayons X une femme dont les poils aux jambes étaient anormalement longs, et qui avait été atteinte par suite de ces soins de radio termite* »[314].

B. L'existence d'un dommage

221.- La deuxième condition nécessaire pour que le patient puisse obtenir une indemnisation est de démontrer qu'il a subi un préjudice. Les préjudices sont nombreux et de nature variée (préjudice physique, moral, économique)[315]. Le juge ne peut accorder l'indemnisation lorsqu'il y a doute sur l'existence du préjudice. Seuls sont donc indemnisés les dommages certains, directs, personnels et consistants en une atteinte d'un intérêt digne d'être protégé par la loi c'est-à-dire un intérêt légitime, juridiquement protégé.

C. L'établissement du lien de causalité entre la faute et le dommage

222.- La troisième et dernière condition à réunir pour pouvoir engager la responsabilité indemnitaire est de démontrer l'existence d'un lien de causalité entre la faute commise et le préjudice subi par le patient. Ce lien doit être direct, certain et exclusif. L'établissement du lien de causalité peut parfois s'avérer délicat en matière de soins de

---

313 KALONGO MBIKAYI, « Les droits du malade », in *Philosophie et Droits de l'homme,* Actes de la 5e semaine philosophique de Kinshasa du 26 avril au 1er mai 1981, Faculté de Théologie catholique de Kinshasa, 1982, p. 269.

314 Lyon, 3 janvier 1936, D.H, 1936, p.127.

315 KALONGO MBIKAYI, *Droit civil : les obligations*, T1, Kinshasa, E.U.A, 2012, p. 214.

santé, puisqu'il peut y avoir un préjudice et une faute, sans qu'il soit possible d'établir un lien de causalité entre eux. C'est pourquoi ; le patient doit faire recours à l'expertise des hommes de l'art pour éclairer l'intime conviction du juge saisi du litige qui l'oppose au professionnel ou à l'établissement de santé.

§2. La mise en œuvre de la responsabilité civile individuelle du professionnel de santé[316]

A. Principe de mise en œuvre de la responsabilité

223.- Une fois les trois conditions étudiées ci-dessus, sont réunies, le malade dispose en effet d'une action en responsabilité civile contre le professionnel de santé. Cette action sera différente suivant que le médecin n'aura pas exécuté ses obligations contractuelles ou aura commis un délit dans l'exercice de son ministère. Il y aura donc lieu à distinguer selon que le patient est lié au médecin par un contrat ou pas. D'autre part, le régime de la preuve des conditions de la responsabilité ainsi que de celui de la prescription de l'action varieront aussi selon que l'action intentée vise la responsabilité contractuelle ou la responsabilité délictuelle.

En effet, si la responsabilité engagée est de nature contractuelle, l'action en justice ne sera admise qu'entre le professionnel et le malade, à l'exclusion des tiers à ce contrat, alors qu'en matière délictuelle, toute victime d'un fait dommageable du professionnel de santé peut assigner ce dernier en réparation. Le malade victime peut saisir le tribunal civil du lieu du dommage ou se constituer partie civile devant la juridiction répressive lorsque le comportement du praticien a été infractionnel. Mais dans toutes les hypothèses, le praticien ne répondra que du seul

---

[316] KALONGO MBIKAYI, « Droits du malade » ..., *op.cit.*, p.270.

dommage imputable à sa faute personnelle ou à celle de ses préposés éventuels.

B. Extinction de l'action en responsabilité

224.- Concernant l'extinction de cette action en responsabilité, elle peut intervenir à la suite d'une renonciation de son titulaire ou à la suite de la prescription. Celle-ci est trentenaire lorsque la responsabilité est contractuelle, ce qui constitue un grand avantage pour le malade. Elle est cependant, plus courte lorsque l'action civile procède d'une infraction commise par le professionnel de santé. Car, aux termes de l'article 24 du Code pénal congolais : *« L'action publique résultant d'une infraction sera prescrite :*

- *après un an révolu, si l'infraction n'est punie que d'une amende, ou si le maximum de la servitude pénale applicable ne dépasse pas une année ;*
- *après trois ans révolus, si le maximum de la servitude pénale applicable ne dépasse pas cinq années ;*
- *après dix ans révolus, si l'infraction peut entraîner plus de cinq ans de servitude pénale ou la peine de mort. »*

C. Charge de la preuve des conditions de la responsabilité

225.- Quant à la charge de la preuve des conditions de la responsabilité médicale, elle fait apparaître au premier abord une différence de régime entre la responsabilité contractuelle et la responsabilité délictuelle.

En matière délictuelle, elle incombe au malade qui, comme en droit commun, dispose de tous les moyens propres à entrainer la conviction du juge : témoignages, indices et présomptions, aveu du praticien et surtout l'expertise qui est souvent exigée par le juge pour déceler spécialement une faute contre la technique médicale.

En matière contractuelle par contre, la faute du professionnel est simplement présumée étant donné que ses obligations sont des obligations de moyens : le médecin par exemple, étant tenu non pas de garantir la guérison, mais de fournir au malade des soins attentifs et consciencieux. Il résulte qu'en cas de renversement de cette présomption ou pour le prévenir, ce malade sera amené à prouver à charge du médecin une faute caractérisée.[317]

226.- Cela, à vrai dire, ramène le malade à une situation semblable pour établir la responsabilité contractuelle ou délictuelle du médecin puisqu'il doit, dans les deux cas, prouver la faute de ce dernier. Lorsque le malade a apporté au juge l'ensemble de preuves relatives aux conditions de la responsabilité médicale, ce dernier condamne le praticien à réparer le dommage subi conformément au droit commun.

Section II. La responsabilité civile de l'établissement de santé

227.- Spécificité du droit de la santé. L'une des particularités du droit de la santé résulte de la dualité de la compétence juridictionnelle[318]. En effet, pour un même litige - causé par exemple par une erreur médicale ou le non-respect du refus de soins du patient - la compétence peut être celle du juge administratif ou du juge judiciaire, selon que les soins ont été dispensés dans le cadre d'une activité publique ou d'une activité privée. Cette particularité est donc due à la spécificité du domaine des soins de santé qui peuvent être dispensés en établissement privé (§1) et /ou en établissement public (§2).

[317] KALONGO MBIKAYI, « Droits du malade » ..., *op.cit.,* p.270.
[318] A. DUBUIS, *op.cit.,* p. 220.

§1. Les soins de santé dispensés en établissement privé

Deux points sont ici développés, la juridiction compétente pour connaître les litiges relevant des établissements privés de soins (A) et les personnes responsables (B).

A. Juridiction compétente

228.-Nature de la Juridiction compétente. Les juridictions de l'ordre judiciaire sont compétentes pour connaître des litiges survenus dans un établissement privé des soins de santé conformément au droit commun. Sont donc concernées les prises en charge au sein des établissements de santé privés (c'est-à-dire les cliniques) et les prises en charge en libéral (en cabinet de ville ou dans le cadre d'une activité libérale exercée à l'hôpital). La compétence du juge judiciaire est valable pour tous les établissements de santé privés, même lorsque ces derniers participent au service public hospitalier.

B. Personnes responsables

229.- Au sein d'un établissement privé de soins, la situation de professionnel de santé est bien différente de celle de son confrère du secteur public. En effet, en cas de dommage, le professionnel d'un établissement privé de soins, engage sa responsabilité personnelle dès lors qu'il exerce son art en toute indépendance et ce, les règles du droit commun de la responsabilité qui s'appliquent. Toutefois, la jurisprudence conduit à distinguer selon le statut du praticien libéral ou salarié[319].

---

319 Cass. Civ. 1ère, 29 juin 1999, JCP 1999, II, n°10 112 cité par A. LAUDE, B. MATHIEU, D. TABUTEAU, *op.cit.*, p.489.

Lorsque le praticien est salarié de la clinique[320], c'est l'établissement de soins qui, en vertu du contrat d'hospitalisation et de soins qui le lie au patient, est civilement responsable des fautes commises par ses salariés en vertu de l'article 260 alinéa 3 du Code civil congolais livre III.

230.- En revanche, lorsque le praticien qui exerce au sein de la clinique bénéficie d'un statut libéral [321], la responsabilité de l'établissement ne peut être engagée du fait de ce dernier. Il incombe au patient victime du dommage d'actionner contre la responsabilité personnelle du praticien sur base des articles 45, 258 et 259 du Code civil précité, selon qu'il y a contrat ou non. À cet effet, la victime aura la charge d'apporter non seulement la preuve du dommage ainsi subi, mais également de la faute et du lien causal dans le chef du médecin traitant.

§2. Les soins de santé dispensés en établissement public

Deux points sont ici également examinés, la juridiction compétente pour connaître les litiges relevant des établissements publics de soins (A) et les personnes responsables (B).

A. Juridiction compétente

231.- Par principe, le juge administratif est compétent pour connaître des litiges survenus dans les établissements de santé à caractère public[322]. Le patient pris en charge à l'hôpital doit - dans la plupart des cas - saisir le juge administratif pour obtenir une indemnisation. C'est ce qui

---

320 *Idem.*

321 *Ibidem.*

322 Z-R. NTUMBA MUSUKA, « Le statut du malade devant le service public hospitalier : regard sur la responsabilité de l'Administration en droit congolais », in M-T KENGE NGOMBA TSHILOMBAYI (sous dir.), La réforme du droit des obligations en RD Congo, *op. cit.*, p.255.

ressort de l'article 105 de la loi organique n° 16-027 du 15 octobre 2016 portant organisation, compétence et fonctionnement des juridictions de l'ordre administratif qui dispose que : « *Les actions en responsabilité, fondées sur une cause autre que la méconnaissance d'un contrat ou d'un quasi-contrat et dirigées contre l'État, les autres personnes publiques ou les organismes privés gérant un service public, relèvent de la section du contentieux du Tribunal administratif du lieu du fait générateur du dommage.* »

B. Personnes responsables

232.- En effet, au sein d'un établissement public de soins, lorsqu'il y a un dommage, c'est le droit administratif qui s'applique et qui pose le principe selon lequel lorsque le praticien intervient dans le cadre d'un établissement de soins publics, il n'est en principe pas responsable personnellement des dommages causés au patient par sa faute, seule la responsabilité de l'hôpital devant en être recherchée en vertu de l'article 260 alinéa 3 du Code civil congolais livre III. Donc le praticien a la qualité de fonctionnaire ou agent public considéré comme préposé de l'État. La responsabilité de l'État est engagée pour une faute quelconque du professionnel de santé et pour toute faute dans l'organisation des soins.

Il convient d'examiner en fin, la complexité des responsabilités en cas d'exercice collectif de la médecine et de la pharmacie.

Section III : La complexité des responsabilités en cas d'exercice collectif de la médecine et de la pharmacie

Posons rapidement le problème avant de voir les différentes solutions possibles en droit de responsabilité.

§1. Position de problème

233.-Portée. Les actes médicaux et pharmaceutiques, notamment ceux qui sont les plus invasifs, sont la plupart du temps le fait non pas d'un seul médecin ou pharmacien, mais de plusieurs qui concourent aux soins du même patient. Si un dommage est causé à ce dernier, des délicates questions de responsabilité et d'imputabilité se posent souvent, lesquelles ont fait l'objet d'une jurisprudence riche et nuancée [323], mais aussi d'une abondante littérature juridique[324].

En effet, l'évolution de la science médicale et pharmaceutique a en effet transformé l'exercice même de l'art de guérir. Aujourd'hui, il est devenu presque rare dans les hôpitaux modernes tout au moins qu'un médecin soit seul devant son patient [325] : l'acte médical est devenu une œuvre de collaboration. Autour du malade, on trouve une équipe de personnes : le médecin traitant et de nombreux collaborateurs : médecins eux-mêmes de spécialités différentes : chirurgien, anesthésiste, réanimateur, biologiste, anatomopathologiste ainsi que de nombreux auxiliaires : stagiaires, assistants médicaux, infirmiers, aides infirmiers, etc.

---

[323] C. BERGOIGNAN - ESPER et P. SARGOS, *Les grands arrêts du droit de la santé*, Paris, Dalloz, 2010, p.216 et S.

[324] P. LETOURNEAU (sous dir), *Droit de la responsabilité et des contrats, régimes d'indemnisation*, 12e éd., Paris, Dalloz action, 2021-2022, n°641, p.2615 ; - D. TRUCHET, *Droit de la santé publique*, 8e éd., Paris, Dalloz, 2012, p.200 et S ; - C. OMAMBO LOSEKE, *La faute dans l'exercice de l'art de guérir. Responsabilités pénale, civile, administrative et professionnelle du personnel soignant, pharmacien et tradipraticiens*, Kinshasa, éd. LOLANGO, 2018 ; - S. BOFOE LIKANGU, *Le droit à la santé en droit positif congolais, utopisme de mise en œuvre d'un droit fondamental*, SP, Éditions Universitaires Européennes, 2018.

[325] KALONGO MBIKAYI, « Droits du malade », …, *op. cit,* p.271.

Une partie de ce personnel fournit des soins proprement médicaux. C'est le personnel médical ; tandis que l'autre fournit des soins courants, des soins hospitaliers ; il s'agit du personnel paramédical relevant directement de l'établissement des soins.

234.- Difficultés rencontrées du point de vue juridique. Les difficultés rencontrées du point de vue juridique proviennent essentiellement des faits ci-après :

- Le fait que l'action thérapeutique est l'œuvre simultanée ou successive de plusieurs personnes, tel est le cas d'une opération chirurgicale, met le malade en contact avec elles sans que, nécessairement, se soit établie entre le patient et les soignants cette relation de confiance mutuelle qui préside d'ordinaire aux relations médecin-malade ;
- L'étalement de l'action thérapeutique dans le temps qui pose la question de savoir quelle personne est responsable de tel acte, compte tenu du moment où il intervient ;
- Le recours dans l'action thérapeutique à des moyens variés manipulés par des personnes de qualités diverses : médecin ou chirurgien, assistant interne, infirmier, garde-malade, certains ayant une action autonome, d'autres relevant des médecins ou de non-médecins.
- Comment, en cas de dommage, départager les responsabilités à l'intérieur du groupe d'une part et entre les membres du groupe et l'établissement des soins d'autre part ?

Les solutions à ces délicates questions de responsabilités s'avèrent nécessaires dans les lignes qui suivent.

§2.- Principes des solutions

A. En cas d'exercice collectif de la médecine[326]

235. La responsabilité pour autrui en secteur privé. Lorsque les praticiens travaillent en privé sous forme de cabinet médical ou dans une clinique, le grand principe de solution réside dans la manière dont ils vont régler eux-mêmes leurs relations réciproques.

Suivant que le patient passe un contrat avec un seul ou avec chacun des membres de l'équipe, la responsabilité contractuelle sera personnelle ou partagée. Et dans ce dernier cas, le partage de responsabilité qui sera en fait une responsabilité *in solidum* se fera soit avec les autres médecins si la faute médicale porte sur les actes proprement médicaux, soit avec la formation médicale si la faute relève de l'organisation des soins hospitaliers.

236.- Lorsque le médecin consulté est aidé dans l'acte médical par d'autres collègues spécialistes et par le personnel paramédical, la question qui se pose encore est celle de savoir si ces derniers peuvent être considérés comme des préposés et sur quelle base ils pourront engager leur responsabilité personnelle ou celle du chef de l'équipe. La réponse généralement apportée est que le médecin assistant ou collaborateur ne peut être considéré comme un préposé du chef de l'équipe en vertu du principe de l'indépendance professionnelle du médecin. Néanmoins, en cas de dommage causé par ces collaborateurs ou aides, le chef d'équipe sera considéré non pas comme un civilement responsable sur base de l'article 260 alinéa 3 du Code civil, livre III, mais comme responsable contractuellement pour les faits d'autrui et cela sur base du rapport contractuel qui le lie au patient et dans le cercle duquel il a introduit ces collaborateurs et aides. Ce sera donc en vertu de l'article 45 du Code civil, livre III, qui sanctionne l'inexécution

---

[326] KALONGO MBIKAYI, « Droits du malade », ..., *op. cit,* p.271.

contractuelle que le praticien chef d'équipe sera tenu responsable en cas de faute médicale d'un collaborateur ou d'un membre du personnel paramédical qui exécute ses ordres[327].

237.- Cependant, Il faut noter que si chaque membre d'équipe a signé un contrat avec le patient, la responsabilité sera contractuelle et personnelle, chacun répondra de sa faute propre dans l'exécution du contrat. En dehors de tout contrat même avec le chef d'équipe, il est évident que la responsabilité délictuelle personnelle jouera, chacun répondant de sa faute et le chef d'équipe pouvant répondre également de son préposé « occasionnel » sur base de l'article 260 alinéa 3 du Code civil congolais livre III. Mais lorsque plusieurs responsables sont à l'origine du dommage, étant donné la complexité croissante des actes accomplis tant au niveau des actes proprement médicaux que des actes hospitaliers liés à la structure même des soins, l'on fera application, des règles habituelles de la responsabilité *in solidum* en veillant bien à n'engager dans cette responsabilité collective que les membres de l'équipe dont la responsabilité aura été clairement établie[328]. Il résulte de cette affirmation que si la faute est exclusivement en rapport avec l'organisation des soins hospitaliers, seule la clinique en supportera les conséquences et engagera sa responsabilité civile contractuelle.

238.- La responsabilité médicale pour autrui en secteur public. Lorsque le médecin auquel se confie le malade est affecté dans un hôpital public, son acte médical peut être collectif : il peut être aidé par diverses personnes relevant à la fois du secteur médical et du secteur paramédical. Mais, quelle que soit l'origine de la faute, la responsabilité de l'administration publique est engagée, sur base l'article 260 alinéa 3 du Code civil congolais livre III.

---

[327] KALONGO MBIKAYI, « Droits du malade »,…, *op. cit,* p.272.
[328] *Idem.*

239.- Application jurisprudentielle. Il a été jugé :

- que le chirurgien, investi de la confiance de la personne sur laquelle il va pratiquer une opération, est tenu, en vertu du contrat qui le lie à cette personne, de la faire bénéficier pour l'ensemble de l'intervention ; de soins consciencieux, attentifs et conformes aux données de la science ; il répond dès lors des fautes que peut commettre le médecin auquel il a recours pour l'anesthésie, et qu'il se substitue, en dehors de tout consentement du patient, pour l'accomplissement d'une part inséparable de son obligation[329] ;
- qu'en vertu de l'indépendance professionnelle dont il bénéficie dans l'exercice de son art, un médecin répond des fautes commises au préjudice des patients par les personnes qui l'assistent lors d'un acte médical d'investigation ou de soins, alors même que ces personnes seraient les préposées de l'établissement de santé où il exerce[330].

B. En cas d'exercice collectif de la pharmacie

La responsabilité des pharmaciens en cas d'exercice collectif de la pharmacie est ici envisagée en deux temps, d'une part en cas de concours de fautes entre pharmaciens d'officine et autres participants à la thérapeutique médicamenteuse et d'autre part, en cas de fautes commises par les préposés du pharmacien d'officine.

---

[329] Civ. 1ère, 18 octobre 1960, WELTI C/ MURAT (Bull. civ. I, n°442; DP 1961. 1. 125 ; Goz. Pal. 1960, 2e sem., J. 289 ; JCP, 1961. II. 11 846 ; obs. R. Savatier), in C. BERGOIGNAN - ESPER et P. SARGOS, op.cit., p.217 ; dans le même sens lire J. BRUNHES, op.cit., p.59.

[330] Civ. 1ère. 13 mars 2001, EL. GOULLI C/clinique de la Roseraie (Bull. Civ I, n°72 ; R. 2001, p.430, RTD civ. P. 599, 9 note P. Jourdain ; Dr patr. 2001, p.93 note F. CHABAS), in C. BERGOIGNAN-ESPER et P. SARGOS, *op. cit.,* p.219.

240.- Concours de fautes entre pharmaciens d'officine et autres participants à la thérapeutique médicamenteuse. Le cas le plus simple est celui que pose l'utilisation par le pharmacien d'officine dans la dispensation des médicaments soit des produits officinaux divisés soit de corps cliniques prévus au codex et employés dans les préparations magistrales.

Ces produits étant fournis au pharmacien d'officine par des droguistes ou par des façonniers que se passera-t-il si le fournisseur délivre un produit ou un corps chimique différent de celui commandé ? Et si le pharmacien d'officine dispense ce produit ou utilise le corps chimique dans une préparation magistrale sans le vérifier, provoquant ainsi un accident thérapeutique chez l'utilisateur ?

241.- La question a été tranchée par un arrêt de la Cour de cassation française du 27 février 1957 que nous propose Monsieur Jean BRUNHES dont voici la teneur[331] : *« En livrant à un pharmacien du sel de baryum au lieu de sulfate de magnésie un droguiste commet une faute qui constitue l'antécédent nécessaire du dommage éprouvé par un client du pharmacien empoisonné après absorption de ce produit ; par suite quelles que soient les obligations professionnelles du pharmacien, le droguiste doit participer avec celui-ci à la réparation du préjudice dans la mesure qu'il appartient au juge de fond d'apprécier souverainement ».*

Cet arrêt de la Cour de cassation française, nous paraît intéressant en ce qu'il impose le partage de responsabilités entre le droguiste ou façonnier qui n'a pas vérifié le produit avant de le livrer et le pharmacien d'officine qui a l'obligation professionnelle de contrôler l'identité des

---

[331] J. BRUNHES, *op. cit.*, p.162.

produits mis en œuvre et des médicaments dispensés par ses soins[332].

Le pharmacien peut aussi partager sa responsabilité avec le médecin en matière de spécialité pharmaceutique, si par erreur, le médecin prescrit une spécialité contenant des produits toxiques ou dangereux sous une forme mal adaptée aux besoins du malade, par exemple une spécialité destinée à des adultes pour un enfant.

Si la responsabilité du médecin ne fait aucun doute dans des hypothèses de ce genre, le pharmacien d'officine pourra aussi voir sa responsabilité mise en cause. Il en est de même de la mauvaise graphie des ordonnances médicales qui occasionne la livraison d'un médicament autre que celui qui était prévu par le pharmacien.

242.- Ces hypothèses sont justifiées par le fondement de l'article 3 al 2 de l'ordonnance n°27bis/Hyg du 15 mars 1933 qui dispose que : « *Toute prescription doit porter, de façon lisible, le nom et l'adresse de l'auteur. Lorsqu'une prescription n'est pas régulièrement formulée, le pharmacien ne l'exécutera qu'après avoir consulté le médecin. S'il ne peut être renseigné avant l'exécution de la préparation, il réduit les doses de façon à les adapter aux doses maxima fixées par la pharmacopée ou ouvrage scientifique similaire et en avertira le médecin* ».

Donc, d'une façon plus générale, le pharmacien d'officine, qui a des connaissances scientifiques est tenu professionnellement de surveiller la délivrance des médicaments dans des conditions indiquées ci-haut, agira toujours prudemment[333] en alertant le médecin en cas de

---

[332] L'article 9 du code de la déontologie des pharmaciens dispose que : « Le pharmacien détient, prépare et délivre lui-même des médicaments et surveille attentivement l'exécution de tous les actes qu'il n'accomplit pas lui- même ». Lire aussi le même sens les articles 9 et 16 de l'ordonnance n°27 bis/Hyg. du 15 mars 1933 sur l'exercice de la pharmacie.

[333] A. MENDOZA CAMINADE, *op.cit.,* pp 185-189.

doute et même en se refusant, en cas de mauvaise prescription.

Quid des fautes commises par les proposés du pharmacien ?

243.- Responsabilité du pharmacien d'officine du fait de ses proposés. Les fautes commises par les aides du pharmacien qui concourent avec lui et sous sa surveillance à la dispensation des médicaments ; engagent la responsabilité du pharmacien. Cette hypothèse n'appelle pas débat au regard du fondement de l'article 260 al 3 du Code civil congolais livre III. Car les aides du pharmacien sont considérés comme étant ses préposés du chef desquels il doit répondre.

D'ailleurs, une jurisprudence abondante et une doctrine dominante estiment que[334], tenu d'exercer personnellement sa profession et d'assurer la surveillance directe (au besoin à l'aide du pharmacien assistant) de la préparation à la dispensation des médicaments, le pharmacien d'officine sera toujours personnellement responsable même au pénal des infractions commises par ses préposés pour n'avoir pas exercé personnellement sa profession et la surveillance directe de l'activité pharmaceutique de son officine.

244.- Responsabilités du pharmacien fabricant et d'officine. La responsabilité du pharmacien - fabricant de spécialité pharmaceutique pour les accidents survenus aux utilisateurs est une responsabilité délictuelle ou quasi délictuelle fondée sur une faute en relation certaine de causalité avec le dommage[335]. Car, il n'existe pas un contrat de vente des médicaments entre le fabricant et le consommateur. Seul le pharmacien d'officine étant lié

[334] J. BRUNHES., *Accidents thérapeutiques et responsabilités*, Paris, Ed. Masson, 1970, p. 162.

[335] Articles 258 et 259 du décret du 30 juillet 1888 ; lire aussi à ce sujet J-S BORGHETTI, « Quelles responsabilités pour les laboratoires fabricants de médicaments dangereux ? », in S. HOCQUET-BERG(Dir), « Les responsabilités du fait des médicaments dangereux », *RGDM*, 2012, n° spécial, p. 19.

contractuellement avec le pharmacien fabricant et par conséquent peut, au regard du droit commun actionner contre ce dernier.

Cependant, lorsque le fabricant de spécialité pharmaceutique est une personne morale, la poursuite pénale est dirigée contre le pharmacien responsable et qu'au civil l'action est dirigée directement contre ladite personne morale.

Toutefois, dans l'un ou l'autre cas la victime doit établir la faute, le dommage et la relation de causalité entre faute et dommage pour obtenir réparation.

245. La responsabilité personnelle du pharmacien d'officine pour dommage survenu aux utilisateurs de médicaments dispensés par ses soins, est une responsabilité délictuelle ou quasi délictuelle et une responsabilité contractuelle selon le cas. Car entre le pharmacien d'officine et le patient consommateur il se noue un véritable contrat de vente.

En effet, au cours de la dispensation d'un médicament, en officine comme à l'hôpital, la responsabilité du pharmacien peut être recherchée, notamment lors d'une erreur de délivrance ou d'un défaut de contrôle d'une préparation, d'un défaut de conseil ou d'une infraction à la réglementation des substances veineuses[336].

Ainsi, les procédures civile, pénale, administrative et disciplinaire peuvent viser des objectifs distincts comme vu précédemment. Les pharmaciens peuvent être, d'une part, sanctionnés pour le non - respect d'une obligation de sécurité ou de prudence et, d'autre part, condamnés à indemniser la victime de son préjudice sur base des articles 45, 258 et 259 du Code civil congolais livre III.

---

[336] Le cadre juridique de contrôle des drogues repose sur la convention unique sur les stupéfiants de 1961 telle que modifiée par le protocole de 1972, la convention sur les substances psychotropes de 1971 et la convention des Nations Unies contre le trafic illicite de stupéfiants et substances psychotropes de 1988.

BIBLIOGRAPHIE INDICATIVE

I. Ouvrages

1. AMISI HERADY, *Droit civil : les personnes, les incapacités, la famille,* Vol. I, 4ème éd., Kinshasa, EDUPC, 2 016.
2. ANGELESI BAYENGA F., *Introduction au droit de la santé,* 1re éd, MES, Kinshasa, 2022.
3. BERGOIGNAN-ESPER et SARGOS P., *Les grands arrêts du droit de la santé*, Paris, Dalloz, 2010.
4. BERTHET E., *Les obstacles juridiques à l'essor des génériques*, Paris, éd.de santé, 1998.
5. BERTHIAU D., *Droit de la santé,* Paris, Gualino, 2007.
6. BICLET P., JONAS C., SEVESTRE B., *Aspect juridique de la pratique médicale,* Paris, Doin, 1996.
7. BINET J-R, *Droit médical*, Paris, Montchrestien, 2010.
8. BLEMONT P, *Mémento de droit pharmaceutique à l'usage des pharmaciens,* Paris, Ellipses, 2010.
9. BORRILLO D., *Bioéthique*, 2e édition, Paris, Dalloz, 2022.
10. BOFOE LIKANGU S., *Le droit à la santé en droit positif congolais, utopisme de mise en œuvre d'un droit fondamental,* SP, éditions universitaires européennes, 2018.
11. BOUADBDALLAH S., *Le droit de la santé en schémas,* Paris, Ellipses, 2022.
12. BRUNHES J., *Accidents thérapeutiques et responsabilités*, Paris, Ed. Masson, 1970.
13. CAMINADE A.M, *Médicament et droit, Droit français et européen,* Bruxelles, Larcier, 2017.

14. CAQUET R., *La médication officinale, conseils et médicaments délivrés par le pharmacien à l'officine*, 3ème éd., Paris, éd. Elsevier Masson, 2009.
15. CROUZATIER J.M., *Droit international de la santé*, Paris, Editions des archives contemporaines, 2009.
16. CIZUNGU M. NYANGEZI B., *Les infractions de A à Z*, Kinshasa, les Editions Laurent Nyangezi, 2011.
17. DEVANT P. et Ali, *Les brevets d'invention*, Paris, Dalloz, 1971.
18. DUBUIS A, *Droit de la Santé*, Paris, Bréal, 2021.
19. DUNEAU M.., *« Prix des médicaments, produits et objets dispensés en pharmacie »*, in Droit pharmaceutique, Paris, Litec, 2012, fasc. No24-10.
20. DUPONT M, BERGOIGNQN-ESPER C. et PAIRE C., Droit hospitalier, Paris, 7ème éd., Dalloz, 2009.
21. DUVAL-ARNOULD D., *Droit de la santé, prise en charge des patients et réparation des dommages liés aux soins,* Paris, Dalloz, 2019.
22. GILIOLI C., *Droits des patients*, Paris, Elsevier Masson, 2018.
23. GREFFE P. et GREFFE I., *La publicité et la loi*, 4ème éd. Paris, Litec, 1979.
24. JUVET GNINTEDEM P., *L'obtention des brevets pharmaceutiques en Afrique. Le cas de pays de l'organisation africaine de propriété industrielle*, Paris, Harmattan, 2013.
25. KALONGO MBIKAYI, Droit civil : les obligations, T1, Kinshasa, E.U.A, 2012.
26. KENGE NGOMBA TSHILOMBAYI M-T, *Droit civil : les obligations,* Paris, Harmattan, 2017.
27. KYABOBA KASABWA L., *La prévention des atteintes à la sécurité des consommateurs : Etude comparée des droits congolais et belge et de l'Union européenne*, Presses Académiques francophones, 2013.

28. LAUDE A et TABUTEAU D. (sous dir) :
- *De l'observance à la gouvernance de santé*, 1ère éd., Paris, PUF, 2007 ;
- *Essais cliniques quels risques ?* Paris, PUF, 2007 ;
- *Droit de la santé*, 2e édition mise à jour, Paris, Thémis, 2009.

29. LE GUEUT M et BOUVET R (Coord), *Médecine légale, Droit de la santé,* 2ème éd., Paris, Ellipses, 2015.
30. LECA A., LUNEL A., SANCHEZ S., *Histoire du droit de la santé*, Bordeaux, Ed. Les études hospitalières, 2014.
31. LECLAINCHE C. et POQUET G., *La responsabilité médicale et l'indemnisation du risque thérapeutique, Etat des lieux*, Paris, CREDOC, 1992.
32. LEGROS B., *Euthanasie, arrêt de traitement, soins palliatifs et sédation. L'encadrement par le droit de la prise en charge médicale de la fin de vie*, Bordeaux, Ed. Les études hospitalières, 2011.
33. LETOURNEAU P. (sous dir), *Droit de la responsabilité et des contrats, régimes d'indemnisation*, 12e éd., Paris, Dalloz action, 2021-2022.
34. LIKULIA BOLONGO, *Droit pénal spécial zaïrois*, Paris, T1, 2ème éd, LGDJ, 1985.
35. LUTUMBA WA LUTUMMBA, *Droit civil des obligations,* Kinshasa, Ed. M.E.S, 2020.
36. M. BERNARD M., *160 questions en responsabilité médicale,* 2e éd., S.P, ELSEVIER MASSON, 2010.
37. MAMPUYA KANUNK'a-TSHIABO A. et LUNGUNGU KIDIMBA T., *Sous la houlette de la Cour constitutionnelle, une « jurisprudence » qui ne peut faire jurisprudence,* Kinshasa, éd. René Descartes, 2023.
38. MATHELY P., *Le droit français des brevets d'invention*, Paris, éd. du Journal des notaires et des avocats, 1974.

39. MBENGA KAZAKU A., *Médecin et droits de l'homme. Mise en œuvre de droit à la santé en République démocratique du Congo,* Kinshasa, Ed. de l'Institut Africain des droits de l'Homme et de la Démocratie, 2018.
40. MBOKO DJ'ANDIMA J.M, *Abrégé de droit administratif*, Kinshasa, Médias-Paul, 2022.
41. MENDOZA CAMINADE A., *Médicament et droit*, Droit français et européen, Bruxelles, Lancier, 2017.
42. MICHEL DE FORGES J., *Le droit de la santé*, 8ème éd., Paris, 2012.
43. MULUMBA KATCHY, *Droit de la propriété industrielle,* Kinshasa, CREJA, 2013.
44. NTUMBA MUSUKA Z-R, *Le droit à la santé. De l'aménagement des politiques publiques et du service public de santé vers l'émergence d'un droit pénal sanitaire en République démocratique du Congo*, Kinshasa, Ed. I.A.D.H.D, 2022.
45. NYABIRUNGU MWENE SONGA, *Responsabilité pénale et civile du médecin en droit Zaïrois*, Kinshasa, édition, Droit et Société « DES », 1995.
46. OMAMBO LOSEKE C. :
    - *La faute dans l'exercice de l'art de guérir. Responsabilités pénale, civile, administrative et professionnelle du personnel soignant, pharmacien et tradipraticiens,* Kinshasa, éd. LOLANGO, 2018 ;
    - *La faute dans l'exercice de l'art de guérir. Responsabilité pénale, civile ; administrative et professionnelle du personnel soignant, pharmaciens et tradipraticiens*, Kinshasa, éd. LOLANGO, 2018.
47. MISTRETTA P., *Droit pénal médical. Contentieux médical, responsabilité pénale, droits du patient*, Paris, 2ème éd, LGDJ, 2022.

48. MUPILA NDJIKE KAWENDE H., *Regard sur la validité de l'Ordonnance du 14 mai 1886 relative aux sources supplétives du droit*, Kinshasa, Ed. Droit et idées nouvelles, 2020.
49. ROBERTO A, *La bioéthique et la dignité de la personne*, Paris, PUF, 1997.
50. TERRE F., *Introduction générale au droit*, 4ème éd., Paris, Dalloz, 1998.
51. TRUCHET D., *Droit de la santé publique*, 8e éd., Paris, Dalloz, 2012.

II. Thèses, articles et rapports

1. ABDELGAWAD W., « La bio piraterie et le commerce des produits pharmaceutiques face aux droits des populations locales sur leurs savoirs traditionnels » in MOINE-DUPUIS I. (Dir), Le médicament et la personne, Paris, Litec, 2007, p.323.
2. AKELE ADAU P., « Le droit, la médecine et les sciences de l'homme face à la bioéthique » in Revue pénale congolaise, n° 1, « DES », Kinshasa, 2004, p.48.
3. AMISI HERADY, « Repenser la responsabilité civile caricaturée à la COVID-19 à l'ère des progrès technique », in M-T KENGE NGOMBA TSHILOMBAYI, La réforme du droit des obligations en RD Congo, mélanges à la mémoire du doyen Bonaventure Olivier KALONGO MBIKAYI, Paris, Harmattan, 2020, pp.211-232.
4. BAUMEVIELLE M. et MAURAIN C., *« Industrie du médicament, Autorisation de mise sur le marché, Dérogations : autorisations d'utilisations spécifiques et recommandations d'utilisation »*, in Juris-Cl. Droit pharmaceutique, Fasc.33-01,2015.
5. BORGHETTI J-S, « Quelles responsabilités pour les laboratoires fabricants de médicaments dangereux ? », in HOCQUET-BERG S. (Dir), « Les responsabilités du fait des médicaments dangereux », RGDM, 2012, n° spécial.

6. CHEMTOB CONCE M-C, « La prolongation des droits issus de brevets de médicaments », in Prop. industr., 2009, focus 66.
7. CHIPPAUX J.P, « *L'Afrique, cobaye de Big pharma* », in Le monde diplomatique, juin 2005.
8. FAGNART J-L, « Emergence de la protection des consommateurs de services de soins de santé » in Droit de la consommation (DCCR), n°100-101, juillet - décembre 2013, pp.27-36.
9. ILUNGA LUBUMBASHI F., La protection des inventions brevetées en droit congolais : contribution à la mise en place des mécanismes efficaces, Thèse de doctorat en droit, UNIKIN, 2022.
10. KABINDA NGOY A. , Brevets pharmaceutiques et accès aux médicaments dans les pays francophones d'Afrique Subsaharienne, Thèse de doctorat, Université catholique de Louvain, Faculté de Droit, Année académique 2007-2008,disponible sur http://droitcongolais.info/ouvrages-viii-sante-social--html.
11. KALONGO MBIKAYI, « Les droits du malade », in Philosophie et Droits de l'homme, Actes de la 5e semaine philosophique de Kinshasa du 26 avril au 1e mai 1981, Faculté de Théologie catholique de Kinshasa, 1982, pp. 263-277.
12. KOUKPO S.K, Le droit des produits de la santé en Afrique de l'ouest : le cas du Bénin et du Sénégal, thèse de doctorat en cotutelle, Faculté de Droit, université MONTESQUIEU-BORDEAUX IV et CHEIK ANTA DIOP de Dakar, soutenue le 7 juin 2012.
13. KUMBA SHINDANO A. :
    - « Regard sur l'effectivité de l'ordonnance-loi n°72-046 du 14 Septembre 1972 sur la pharmacie et l'ordonnance n° 72-359 portant ses mesures d'exécution », in *Cahiers Africains des droits de l'homme et de la Démocratie ainsi que du développement durable*, 26ème année, n°075, vol. II, juin 2022, pp.293-302 ;

- « Accidents thérapeutiques et responsabilité civile en droit congolais : cas des médecins, pharmaciens » in *International Journal of social Sciences and Scientific Studies International,* 2022 (IJSSASS.com/index.php/IJSSASS) ;
- Protection des Consommateurs des produits pharmaceutiques contrefaits et sous standards en droit congolais : quête d'une bonne gouvernance, thèse de doctorat en droit, Université de Kinshasa, Janvier 2023.

14. MINISTERE DE LA SANTE PUBLIQUE :
    - Rapport narratif : profil pharmaceutique de la République démocratique du Congo, 2011 ;
    - Les lignes directrices pour l'évaluation éthique de la recherche impliquant des sujets humains en R.D. Congo.
15. MUTEBA TSHIMANGA, « Les différentes natures de la responsabilité médicale en droit congolais » in M-T KENGE NGOMBA TSHILOMBAYI (sous dir.), *La réforme du droit des obligations en RD Congo, Mélanges à la mémoire du Doyen Bonaventure Olivier KALONGO MBIKAYI,* Paris, Harmattan,2020, pp.253-290.
16. MVAKA NGUMBU I., *La lutte contre la néo criminalité procréative en RDC. Esquisse de politique criminelle applicable dans un domaine de Bioéthique*, Thèse de doctorat en droit, UNIKIN, 2011.
17. NTUMBA MUSUKA Z-R, « Le statut du malade devant le service public hospitalier : regard sur la responsabilité de l'Administration en droit congolais », in M-T KENGE NGOMBA TSHILOMBAYI (sous dir.), *La réforme du droit des obligations en RD Congo, Mélanges à la mémoire du Doyen Bonaventure Olivier KALONGO MBIKAYI,* Paris, Harmattan, 2020, pp.183-207.

18. REMICHE B., Le rôle du système des brevets dans le développement : le cas des pays andins, Coll. Du CEIPI, n°29, Litec, 1982, pp.118-119.

TABLE DES MATIERES

Structures éditoriales du groupe L'Harmattan

L'Harmattan Italie
Via degli Artisti, 15
10124 Torino
harmattan.italia@gmail.com

L'Harmattan Hongrie
Kossuth l. u. 14-16.
1053 Budapest
harmattan@harmattan.hu

L'Harmattan Sénégal
10 VDN SICAP AMITIE 3
BP 45034 Dakar-Fann
direction@senharmattan.com

L'Harmattan Cameroun
Tsinga/Derrière polyclinique FECAFOOT
BP 11486 Yaoundé
Jacques.koukam@harmattan.fr

L'Harmattan Burkina Faso
Villa 281, secteur 23 623, rue 14.32
Ouagadougou
zagbie@outlook.fr

L'Harmattan Guinée
Almamya, rue KA 028 OKB Agency
BP 3470 Conakry
harmattanguinee@yahoo.fr

L'Harmattan RDC
185, avenue Nyangwe
Commune de Lingwala – Kinshasa
matangilamusadila@yahoo.fr

L'Harmattan Congo
219, avenue Nelson Mandela
BP 2874 Brazzaville
deunovmikhael@gmail.com

L'Harmattan Mali
Immeuble Mgr Jean Marie Cissé
Aci Hamadallaye
BP 145 Bamako
syllaka@yahoo.fr

L'Harmattan Togo
Djidjole – Maison Amela
face EPP BATOME
02 BP 20680 Lomé
didieramela11@gmail.com

L'Harmattan Côte d'Ivoire
Résidence Karl – Cité des Arts
Abidjan-Cocody
03 BP 1588 Abidjan
harmattan.ivoire@gmail.com

L'Harmattan Bénin
Rue 604, (Immeuble à l'entrée
de la rue UCAO- Cite de Saint-Jean)
Cotonou
stepcorpus@gmail.com

Nos librairies en France

Librairie internationale
16, rue des Écoles
75005 Paris
librairie.internationale@harmattan.fr
01 40 46 79 11
www.librairieharmattan.com

Librairie des savoirs
21, rue des Écoles
75005 Paris
librairie.sh@harmattan.fr
01 46 34 13 71
www.librairieharmattansh.com

www.ingramcontent.com/pod-product-compliance
Lightning Source LLC
LaVergne TN
LVHW010929061026
849535LV00007B/2317